LAS AVENTURAS DE
PINOCHO

CARLO COLLODI

I

Cómo fue que el maestro Cereza, carpintero de oficio, encontró un palo que lloraba y reía como un niño.

H ABÍA UNA VEZ...

—¡Un rey! —dirán en seguida mis pequeños lectores.

—No, muchachos, se equivocan. Había una vez un pedazo de madera.

No era una madera de lujo, sino un simple pedazo de leña de esos palos que en invierno se meten en las estufas y chimeneas para encender el fuego y caldear las habitaciones.

No recuerdo cómo ocurrió, pero es el caso que, un día, ese trozo de madera llegó al taller de un viejo carpintero cuyo nombre era maestro Antonio, aunque todos lo llamaban maestro Cereza, a causa de la punta de su nariz, que estaba siempre brillante y roja como una cereza madura.

Apenas vio el maestro Cereza aquel trozo de madera, se alegró mucho y, frotándose las manos de gusto, murmuró a media voz:

—Esta madera ha llegado a tiempo; con ella haré la pata de una mesita.

Dicho y hecho. Cogió en seguida un hacha afilada para empezar a quitarle la corteza y a desbastarla. Cuando estaba a punto de dar el primer golpe, se quedó con el brazo en el aire, porque oyó una vocecita muy suave que dijo:

—¡No me golpees tan fuerte!

¡Figúrense cómo se quedó el buen viejo!

Giró sus espantados ojos por toda la habitación, para ver de dónde podía haber salido aquella vocecita, y no vio a nadie. Miró debajo del banco, y nadie; miró dentro de un armario que estaba siempre cerrado, y nadie; miró en la cesta de las virutas y del aserrín, y nadie; abrió la puerta del taller, para echar también una ojeada a la calle, y nadie. ¿Entonces?...

—Ya entiendo —dijo, riéndose y rascándose la peluca—; está claro que esa vocecita me la he figurado yo. Sigamos trabajando.

Y, volviendo a tomar el hacha, descargó un solemnísimo golpe en el trozo de madera.

—¡Ay! ¡Me has hecho daño! —gritó, quejándose, la vocecita.

Esta vez el maestro Cereza se quedó con los ojos saliéndosele de las órbitas a causa del miedo, con la boca abierta y la lengua colgándole hasta la barbilla, como un mascarón de la fuente.

Apenas recuperó el uso de la palabra empezó a decir, temblando por el espanto:

—Pero, ¿de dónde habrá salido esa vocecita que ha dicho «¡ay»"...? Aquí no se ve ni un alma. ¿Es posible que este trozo de madera haya aprendido a llorar y a lamentarse como un niño? No lo puedo creer. La madera, ahí está: es un trozo de madera para quemar, como todos los demás, para echarlo al fuego y hacer hervir una olla de porotos... ¿Entonces?

¿Se habrá escondido aquí alguien? Si se ha escondido alguien, peor para él. ¡Ahora lo arreglo yo¡ Y, diciendo esto, agarró con ambas manos aquel pobre pedazo de madera y lo golpeó sin piedad contra las paredes de la habitación. Después se puso a escuchar, a ver si oía alguna voz que se lamentase. Esperó dos minutos, y nada; cinco minutos, y nada; diez minutos, y nada.

—Ya entiendo —dijo entonces, esforzándose por reír y rascándose la peluca—. ¡Está visto que esa vocecita que ha dicho «¡ay!» me la he figurado yo! Sigamos trabajando.

Y como ya le había entrado un gran miedo, intentó canturrear, para darse un poco de valor.

Entretanto, dejando a un lado el hacha, cogió un cepillo para cepillar y pulir el pedazo de madera; pero, mientras lo cepillaba de abajo, oyó la acostumbrada vocecita que le dijo riendo:

—¡Déjame! ¡Me estás haciendo cosquillas!

Esta vez el pobre maestro Cereza cayó como fulminado. Cuando volvió a abrir los ojos, se encontró sentado en el suelo.

Su rostro parecía transfigurado y hasta la punta de la nariz, que estaba roja casi siempre, se le había puesto azul por el miedo.

El maestro Cereza regala el palo a su amigo Geppetto, que lo acepta para fabricar con él un maravilloso muñeco que sepa baile, esgrima y que dé saltos mortales.

EN AQUEL MOMENTO llamaron a la puerta.

—Pase —dijo el carpintero, sin tener fuerzas para ponerse en pie.

Entró en el taller un viejecito muy lozano, que se llamaba Geppetto; pero los chicos de la vecindad, cuando querían hacerlo montar en cólera, lo apodaban Polendina, a causa de su peluca amarilla, que parecía de choclo.

Geppetto era muy iracundo. ¡Ay de quien lo llamase Polendina! De inmediato se ponía furioso y no había quien pudiera contenerlo.

—Buenos días, maestro Antonio —dijo Geppetto—. ¿Qué hace ahí, en el suelo?

—Enseño el ábaco a las hormigas.

—¡Buen provecho le haga!

—¿Qué le ha traído por aquí, compadre Geppetto?

—Las piernas. Ha de saber, maestro Antonio, que he venido a pedirle un favor.

—Aquí me tiene, a su disposición —replicó el carpintero, alzándose sobre las rodillas.

—Esta mañana se me ha metido una idea en la cabeza.

—Cuénteme.

—He pensado en fabricar un bonito muñeco de madera; un muñeco maravilloso, que sepa bailar, que sepa esgrima y dar saltos mortales. Pienso recorrer el mundo con ese muñeco, ganándome un pedazo de pan y un vaso de vino; ¿qué le parece?

—¡Bravo, Polendina! —gritó la acostumbrada vocecita, que no se sabía de dónde procedía.

Al oírse llamar Polendina, Geppetto se puso rojo de cólera, como un pimiento, y volviéndose hacia el carpintero le dijo, enfadado:

—¿Por qué me ofende?

—¿Quién le ofende?

—¡Me ha llamado usted Polendina!

—No he sido yo.

—¡Lo que faltaba es que hubiera sido yo! Le digo que ha sido usted.

—¡No!

—¡Sí!

—¡No!

—¡Sí!

Y acalorándose cada vez más, pasaron de las palabras a los hechos y, agarrándose, se arañaron, se mordieron y se maltrataron. Acabada la pelea, el maestro Antonio se encontró con la peluca amarilla de Geppetto en las manos, y éste se dio cuenta de que tenía en la boca la peluca canosa del carpintero.

—¡Devuélveme mi peluca! —dijo el maestro Antonio.

—Y tú devuélveme la mía, y hagamos las paces.

Los dos viejos, tras haber recuperado cada uno su propia peluca, se estrecharon la mano y juraron que serían buenos amigos toda la vida.

—Así, pues, compadre Geppetto —dijo el carpintero, en señal de paz—, ¿cuál es el servicio que quiere de mí?

—Quisiera un poco de madera para fabricar un muñeco; ¿me la da?

El maestro Antonio, muy contento, fue en seguida a sacar del banco aquel trozo de madera que tanto miedo le había causado. Pero, cuando estaba a punto de entregárselo a su amigo, el trozo de madera dio una sacudida y, escapándosele violentamente de las manos, fue a golpear con fuerza las flacas canillas del pobre Geppetto.

—¡Ah! ¿Es ésta la bonita manera con que regala su madera, maestro Antonio? Casi me ha dejado cojo.

—¡Le juro que no he sido yo!

—¡Entonces, habré sido yo!

—Toda la culpa es de esta madera...

—Ya sé que es de la madera; pero ha sido usted quien me la ha tirado a las piernas.

—¡Yo no se la he tirado!

—¡Mentiroso!

—Geppetto, no me ofenda; si no, le llamo ¡Polendina!...

—¡Burro!

—¡Polendina! —¡Bestia!

—¡Polendina! —¡Mono feo!

—¡Polendina!

Al oírse llamar Polendina por tercera vez, Geppetto perdió los estribos y se lanzó sobre el carpintero; y se dieron una paliza. Acabada la batalla, el maestro Antonio se encontró dos arañazos más en la nariz y el otro, dos botones menos en su chaqueta. Igualadas de esta manera sus cuentas, se estrecharon la mano y juraron que serían buenos amigos toda la vida.

De modo que Geppetto tomó consigo su buen trozo de madera y, dando las gracias al maestro Antonio, se volvió cojeando a su casa.

Una vez en casa, Geppetto se pone a tallar su muñeco y le da el nombre de Pinocho. Primeras travesuras del muñeco.

LA CASA DE Geppetto era de un piso y recibía luz de una claraboya. El mobiliario no podía ser más sencillo: una mala silla, una cama no muy buena y una mesita muy estropeada. En la pared del fondo se veía una chimenea con el fuego encendido; pero el fuego estaba pintado y junto al fuego había una olla, también pintada, que hervía alegremente y exhalaba una nube de humo que parecía humo de verdad.

Tan pronto como entró en su casa, Geppetto tomó las herramientas y se puso a tallar y fabricar su muñeco.

—¿Qué nombre le pondré? —se decía—. Le llamaré Pinocho. Ese nombre le traerá suerte. He conocido una familia entera de Pinochos: Pinocho el padre, Pinocha la madre, Pinochos los niños, y todos lo pasaban muy bien. El más rico de ellos pedía limosna.

Cuando hubo elegido el nombre de su muñeco empezó a trabajar de prisa y le hizo en seguida el pelo, después la frente, luego los ojos.

Una vez hechos los ojos, figúrense su asombro cuando advirtió que se movían y lo miraban fijamente.

Geppetto, sintiéndose observado por aquellos ojos de madera, se lo tomó casi a mal y dijo, en tono quejoso:

—Ojazos de madera, ¿por qué me miran?

Nadie contestó.

Entonces, después de los ojos, le hizo la nariz; pero ésta, tan pronto estuvo hecha, empezó a crecer y creció y en pocos minutos era un narizón que no acababa nunca.

El pobre Geppetto se cansaba de cortarla; cuanto más la cortaba y achicaba, más larga se hacía aquella nariz impertinente.

Después de la nariz le hizo la boca.

Aún no había acabado de hacerla cuando ya empezaba a reírse y a burlarse de él.

—¡Deja de reír! —dijo Geppetto, irritado; pero fue como hablar con la pared.

—¡Te repito que dejes de reír! —gritó con voz amenazadora.

Entonces la boca dejó de reír, pero le sacó toda la lengua. Geppetto, para no estropear sus proyectos, fingió no advertirlo y continuó trabajando.

Tras la boca, le hizo la barbilla, luego el cuello, los hombros, el estómago, los brazos y las manos.

Apenas acabó con las manos, Geppetto sintió que le quitaban la peluca. Se volvió y, ¿qué vieron sus ojos? Su peluca amarilla en manos del muñeco.

—Pinocho... ¡Devuélveme ahora mismo mi peluca!

Y Pinocho, en vez de devolvérsela, se la puso en su propia cabeza, quedándose medio ahogado debajo.

Ante aquella manera de ser insolente y burlona, Geppetto se puso tan triste y melancólico como no había estado en su vida. Y, volviéndose a Pinocho, le dijo:

—¡Hijo pícaro! ¡Todavía estás a medio hacer y ya empiezas a faltarle el respeto a tu padre! ¡Eso está muy mal!

Y se secó una lágrima.

Sólo quedaban por hacer las piernas y los pies.

Cuando Geppetto hubo acabado de hacerle los pies, recibió un puntapié en la punta de la nariz.

—¡Me lo merezco! —se dijo para sí—. Debía haberlo pensado antes. ¡Ahora ya es tarde! Tomó después el muñeco bajo el brazo y lo posó en tierra, sobre el pavimento de la estancia, para hacerlo andar.

Pinocho tenía las piernas torpes y no sabía moverse, y Geppetto lo llevaba de la mano para enseñarle a poner un pie detrás del otro.

Muy pronto, Pinocho empezó a andar solo y a correr por la habitación, hasta que, cruzando la puerta de la casa, saltó a la calle y se dio a la fuga.

El pobre Geppetto corría tras él sin poder alcanzarlo, porque el granuja de Pinocho andaba a saltos, como una liebre, golpeando con sus pies de madera el pavimento de la calle, hacía tanto estruendo como veinte pares de zuecos aldeanos.

—¡Agárrenlo, agárrenlo! —gritaba Geppetto; pero la gente que estaba en la calle, al ver a aquel muñeco de madera que corría como un loco, se paraba embelesada a mirarlo, y reía, reía, reía como no se pueden imaginar.

Al fin llegó un guardia, el cual, al oír todo aquel alboroto, creyó que se trataba de un potrillo que se había encabritado con su dueño, y se puso valerosamente en medio de la calle, con las piernas abiertas, con la decidida intención de pararlo y de impedir que ocurrieran mayores desgracias.

Pinocho, cuando vio de lejos al guardia que obstruía toda la calle, se las ingenió para pasarle por sorpresa entre las piernas, pero falló en su intento. El guardia, sin moverse siquiera, lo atrapó limpiamente por la nariz (era un narizón desproporcionado, que parecía hecho a propósito para ser agarrado por los guardias) y lo entregó en las propias manos de Geppetto. Este, para corregirlo, quería darle un buen tirón de orejas en seguida. Pero figúrense cómo se quedó cuando, al buscarle las orejas, no logró encontrarlas. ¿Saben por qué? Porque, con la prisa, se había olvidado de hacérselas.

Así que lo agarró por el cogote y, mientras se lo llevaba, le dijo, meneando amenazadoramente la cabeza:

—¡Vámonos a casa! Cuando estemos allá, no te quepa duda de que ajustaremos cuentas.

Pinocho, ante semejante perspectiva, se tiró al suelo y no quiso andar más. Entre tanto, curiosos y haraganes empezaban a detenerse alrededor y a formar tumulto.

Uno decía una cosa; otro, otra.

—¡Pobre muñeco! —decían algunos—. Tiene razón en no querer volver a casa.

¡Quién sabe cómo le va a pegar ese bruto de Geppetto!

Y otros añadían malignamente:

—¡Ese Geppetto parece una buena persona! ¡Pero es un verdadero tirano con los niños! Si le dejan ese pobre muñeco entre las manos es muy capaz de hacerlo trizas.

En fin, tanto dijeron e hicieron que el guardia puso en libertad a Pinocho y se llevó a la cárcel al pobre Geppetto. Este, no teniendo palabras para defenderse, lloraba como un becerro y, camino de la cárcel, decía sollozando:

—¡Qué calamidad de hijo! ¡Y pensar que he sufrido tanto para hacer de él un muñeco de bien! ¡Pero me lo merezco! ¡Debía haberlo pensado antes!

Lo que sucedió después es una historia increíble, y se la contaré en los próximos capítulos.

La historia de Pinocho con el Grillo-parlante, donde se ve que muchos niños se enojan cuando los corrige quien sabe más que ellos.

MUCHACHOS, LES CONTARÉ que mientras llevaban al pobre Geppetto a la cárcel, sin tener culpa de nada, el pillo de Pinocho se había librado de las garras del guardia y corría a través de los campos para llegar pronto a casa. En su furiosa carrera saltaba riscos, setos de zarzas y fosos llenos de agua, tal como hubiera podido hacerlo un ciervo o un conejo perseguido por los cazadores.

Cuando llegó a la casa, encontró la puerta de la calle entornada. La empujó, entró y, en cuanto hubo corrido el pestillo, se sentó en el suelo, lanzando un gran suspiro de contento. Pero poco duró su contento, pues oyó un ruido en la habitación:

—¡Cri-cri-cri!

—¿Quién me llama? —dijo Pinocho, muy asustado.

—Soy yo.

Pinocho se volvió y vio un enorme grillo que subía lentamente por la pared.

—Dime, Grillo, y tú, ¿quién eres?

—Soy el Grillo-parlante y vivo en esta habitación desde hace más de cien años.

—Pues hoy esta habitación es mía —dijo el muñeco— y, si quieres hacerme un favor, ándate en seguida, y rápido.

—No me iré de aquí —respondió el Grillo— sin decirte antes una gran verdad.

—Dímela y pronto.

—¡Ay de los niños que se rebelan contra sus padres y abandonan caprichosamente la casa paterna! No conseguirán nada bueno en este mundo, y, tarde o temprano, tendrán que arrepentirse amargamente.

—Canta, Grillo, canta lo que quieras. Yo sé que mañana, de madrugada, pienso irme de aquí, porque si me quedo me pasará lo que les pasa a todos los demás niños: me mandarán a la escuela y, por gusto o por fuerza, tendré que estudiar. Y, en confianza, te digo que no me interesa estudiar y que me divierto más corriendo tras las mariposas y subiendo a los árboles a sacar nidos de pájaros.

—¡Pobre tonto! ¿No sabes que, portándote así, de mayor serás un grandísimo burro y todos se reirán de ti?

—¡Cállate, Grillo de mal agüero! —gritó Pinocho.

Pero el Grillo, que era paciente y filósofo, en vez de tomar a mal esta impertinencia, continuó con el mismo tono de voz:

—Y si no te agrada ir a la escuela, ¿por qué no aprendes, al menos, un oficio con el que ganarte honradamente un pedazo de pan?

—¿Quieres que te lo diga? —replicó Pinocho, que empezaba a perder la paciencia —. Entre todos los oficios del mundo sólo hay uno que realmente me agrada.

—¿Y qué oficio es?

—El de comer, beber, dormir, divertirme y llevar, de la mañana a la noche, la vida del vagabundo.

—Pues te advierto —dijo el Grillo-parlante, con su calma acostumbrada— que todos los que tienen ese oficio acaban, casi siempre, en el hospital o en la cárcel.

—¡Cuidado, Grillo de mal agüero!... Si monto en cólera, ¡ay de ti! —¡Pobre Pinocho! Me das pena... —¡Por qué te doy pena?

—Porque eres un muñeco y, lo que es peor, tienes la cabeza de madera...

Al oír estas últimas palabras Pinocho se levantó enfurecido, agarró del banco un martillo y lo arrojó contra el Grillo-parlante.

Quizá no pensó que le iba a dar; pero, desgraciadamente, lo alcanzó en toda la cabeza, hasta el punto de que el pobre Grillo casi no tuvo tiempo para hacer cri-cricri, y después se quedó en el sitio, tieso y aplastado contra la pared.

—¡Ah, ladronzuelo! —dijo el campesino, encolerizado—. ¡Así que eres tú el que roba mis gallinas!

—¡Yo no, yo no! —gritó Pinocho, sollozando. ¡Entré en el campo solamente para coger dos racimos de uvas!...

—Quien roba uvas es muy capaz de robar también pollos. Te daré una lección que no olvidarás fácilmente.

Y, abriendo el cepo, aferró al muñeco por el cogote y se lo llevó en vilo hasta la casa, como si llevara un corderito recién nacido.

Llegado a la era, ante la casa, lo arrojó al suelo y, poniéndole un pie en el cuello, le dijo:

—Ya es tarde y quiero acostar me. Mañana ajustaremos cuentas. Entre tanto, como hoy se ha muerto el perro que guardaba de noche la casa, ahora mismo ocuparás su puesto. Me servirás de perro guardián.

Dicho y hecho; le colocó en el cuello un gran collar, completamente cubierto de puntas de latón, y se lo apretó bien, para que no se lo pudiera quitar pasando la cabeza por dentro.

El collar estaba sujeto a una larga cadena de hierro, y la cadena, fijada al muro.

—Si esta noche —dijo el campesino— empezara a llover, puedes acostarte en aquella caseta de madera, donde aún está la paja que durante cuatro años ha servido de cama a mi pobre perro. Y si por desgracia vinieran los ladrones, no olvides tener los oídos bien abiertos y ladrar.

Después de esta última advertencia el campesino entró en la casa y cerró la puerta con varias vueltas de llave; el pobre Pinocho se quedó acurrucado en la era, más muerto que vivo, a causa del frío, el hambre y el miedo. Y de vez en cuando, metiendo rabiosamente las manos dentro del collar que le oprimía el cuello, decía, llorando:

—¡Me lo tengo merecido! ¡Desde luego que sí! He querido ser perezoso, vagabundo…. he querido hacer caso de las malas compañías y por eso la desgracia me persigue. Si hubiera sido un muchacho bueno, como hay muchos, si hubiera querido estudiar y trabajar, si me hubiera quedado en casa con mi pobre padre, no estaría aquí a estas horas, en medio del campo, haciendo de perro guardián en casa de un campesino. ¡Oh, si pudiera nacer otra vez!... Pero ya es tarde; ¡paciencia!

Tras este pequeño desahogo, que le salía del corazón, entró en la caseta y se durmió.

XXII

Pinocho descubre a los ladrones y,
en recompensa por haber sido fiel,
es puesto en libertad.

HACÍA MÁS DE dos horas que dormía a pierna suelta cuando, a media noche, lo despertó un susurro y un cuchicheo de vocecitas extrañas, que le pareció oír en la era. Sacó la punta de la nariz por la abertura de la caseta y vio, reunidos en consejo, a cuatro animales de pelaje oscuro, que parecían gatos. Pero no eran gatos; eran garduñas, animalillos carnívoros muy aficionados a los huevos y a los pollitos. Una de las garduñas, separándose de sus compañeras, fue hacia la caseta y dijo en voz baja:

—Buenas noches, Melampo.

—Yo no me llamo Melampo —contestó el muñeco.

—Entonces, ¿quién eres?

—Soy Pinocho.

—¿Y qué haces ahí?

—Hago de perro guardián.

—¿Dónde está Melampo? ¿Dónde está el viejo perro que vivía en esta caseta?

—Ha muerto esta mañana.

—¿Muerto? ¡Pobre animal! ¡Era tan bueno!... Pero, a juzgar por tu cara, también tú debes ser un perro amable.

—¡Por favor, yo no
soy un perro!... —
Pues, ¿qué eres?

—Soy un muñeco.

—¿Y haces de perro guardián?

—Desgraciadamente. ¡Es un castigo!

—Bueno, pues te propongo el mismo pacto que tenía con el difunto Melampo; quedarás contento.

—¿Qué pacto es ése?

—Nosotras vendremos una vez a la semana, como antes, a visitar por la noche este gallinero, y nos llevaremos ocho gallinas. De esas gallinas, siete nos las comeremos nosotras y una te la daremos a ti, a condición, claro está, de que finjas dormir y no se te ocurra ladrar y despertar al campesino.

—¿Melampo hacía eso? —preguntó Pinocho.

—Claro que lo hacía y siempre hemos estado de acuerdo. Así que duérmete tranquilamente; puedes estar seguro de que, antes de partir, te dejaremos en la caseta una gallina completamente pelada para la comida de mañana. ¿Nos hemos entendido?

—¡Demasiado bien! ... —contestó Pinocho; y movió la cabeza de forma amenazadora, como si hubiera querido decir : «Volveremos a hablar de ello».

Las cuatro garduñas, creyéndose seguras, fueron derechas al gallinero, que estaba muy cerca de la caseta del perro; abrieron, a fuerza de uñas y dientes, la portezuela de madera que cerraba la entrada y se deslizaron en el interior, una tras otra. Pero aún no habían acabado de entrar cuando oyeron cerrarse la portezuela, con gran violencia.

Quien la había cerrado era Pinocho, el cual, no contento con cerrarla, puso delante una gran piedra, a guisa de puntal, para mayor seguridad. Después empezó a ladrar como si fuera un perro guardián, haciendo con la voz guau, guau, guau.

Ante los ladridos, el campesino saltó de la cama, cogió el fusil y, asomándose a la ventana, preguntó:

—¿Qué hay de nuevo?

—¡Están los ladrones!

—¿Dónde están?

—En el gallinero.

—Ahora mismo bajo.

En efecto, en un momento bajó el campesino, entró a la carrera en el gallinero y tras haber atrapado y encerrado en un saco a las cuatro garduñas, les dijo con acento de verdadero gozo:

—¡Al fin han caído en mis manos! Podría castigarlas, pero no soy tan cruel. Me contentaré con llevarlas mañana al posadero del pueblo vecino, que las despellejará y guisará como a liebres. Es un honor que no se merecen, pero los hombres generosos como yo no reparan en esas pequeñeces.

Después se acercó a Pinocho y empezó a hacerle muchas caricias, preguntándole, entre otras cosas:

—¿Qué has hecho para descubrir el complot de estas cuatro ladronzuelas? ¡Pensar que Melampo, mi fiel Melampo, nunca se dio cuenta de nada!

El muñeco hubiera podido contar lo que sabía; es decir, hubiera podido contar el vergonzoso pacto existente entre el perro y las garduñas. Pero recordó que el perro estaba muerto y pensó: «¿De qué sirve acusar a los muertos...? Los muertos, muertos están, y lo mejor que se puede hacer es dejarlos en paz»...

—Cuando llegaron las garduñas a la era, ¿estabas despierto o dormías? — continuó preguntando el campesino.

—Dormía —contestó Pinocho—, pero las garduñas me despertaron con sus cuchicheos y una vino aquí, a la caseta, a decirme: «Si prometes no ladrar y no despertar al amo, te regalaremos una pollita muy bien pelada». ¿Entiende, eh? ¡Tener la desfachatez de hacerme semejante propuesta! Porque hay que saber que yo soy un muñeco que tendrá todos los defectos del mundo, pero nunca he tenido el de ser largo de uñas ni cómplice de la gente deshonesta.

—¡Buen chico! —exclamó el campesino, palmeándole en un hombro—. Esos sentimientos te honran; y, para probarte mi gran satisfacción, te dejo libre desde ahora mismo, para que vuelvas a tu casa.

Y le quitó el collar del perro.

XXIII

Pinocho llora la muerte de la hermosa joven de cabellos azules; luego encuentra un Palomo que lo lleva a la orilla del mar y allí se tira al agua para ayudar a su padre Geppetto.

TAN PRONTO COMO Pinocho se sintió libre del peso durísimo y humillante de aquel collar en torno a su cuello, huyó a través de los campos y no se detuvo ni un minuto hasta que alcanzó el camino real, que debía llevarlo a la casita del Hada.

Cuando llegó al camino real, se volvió hacia atrás, a mirar la llanura, y distinguió perfectamente a simple vista el bosque donde, para su desgracia, había encontrado a la Zorra y al Gato; vio, entre los árboles, la copa de aquella Gran Encina de la que lo habían colgado por el cuello; pero por más que miró a todos los lados no consiguió ver la casita de la hermosa niña de cabellos azules.

Tuvo entonces una especie de triste presentimiento y, empezando a correr con todas las fuerzas que le quedaban en las piernas, se encontró en pocos minutos en el prado donde se había alzado la casita blanca. Pero la casita blanca ya no estaba allí. Había, en su lugar, una pequeña lápida de mármol en la que se leían, en letras mayúsculas, estas dolorosas palabras:

```
AQUÍ YACE LA JOVEN
DE CABELLOS AZULES
MUERTA DE DOLOR
POR HABER SIDO
ABANDONADA
POR SU HERMANITO
PINOCHO
```

¡Podrán imaginar cómo se quedó el muñeco cuando, mal que bien, hubo descifrado aquellas palabras! Cayó de bruces al suelo y, cubriendo con mil besos el mármol funerario, estalló en llanto.

Lloró toda la noche y a la mañana siguiente, al hacerse de día, continuaba llorando aunque no le quedaban lágrimas en los ojos; y sus gritos y lamentos eran tan agudos y desgarradores que todas las colinas circundantes repetían su eco.

Mientras lloraba, decía:

—¡Oh, Hadita mía! ¿Por qué has muerto?... ¿Por qué, en tu lugar, no he muerto yo, que soy tan malo, mientras que tú eras tan buena?... Y mi padre, ¿dónde estará? ¡Oh, Hadita, dime dónde puedo encontrarlo porque quiero estar siempre con él y no dejarlo nunca, nunca, nunca!... ¡Oh, Hadita mía, dime que no es verdad que has muerto!... Si de verdad me quieres... si quieres a tu hermanito, revive... ¡vuelve otra vez viva!... ¿No te da pena verme solo y abandonado por todos?... Si llegan los asesinos, me colgarán de nuevo en la rama del árbol... Y entonces moriré para siempre. ¿Qué quieres que haga aquí, solo en este mundo? Ahora que te he perdido a ti y a mi padre, ¿quién me dará de comer? ¿Dónde dormiré? ¿Quién me hará la chaqueta nueva? ¡Oh, sería mejor, cien veces mejor, que también yo muriera!... ¡Sí quiero morir!... ¡Ay, ay, ay!...

Y mientras se desesperaba de esta manera, intentó arrancarse los cabellos; pero, como sus cabellos eran de madera, ni siquiera pudo darse el gusto de enredar en ellos los dedos.

En aquel momento pasó por el aire un enorme Palomo, el cual, parándose con las alas extendidas, le gritó desde gran altura:

—Dime, niño, ¿qué haces ahí abajo?

—¿No lo ves? ¡Lloro! —contestó Pinocho, levantando la cabeza hacia aquella voz y restregándose los ojos con la manga de la chaqueta.

—Dime -añadió entonces el Palomo—, ¿conoces por casualidad, entre tus camaradas, a un muñeco llamado Pinocho?

—¿Pinocho?... ¿Has dicho Pinocho? —repitió el muñeco, poniéndose en pie—. ¡Pinocho soy yo!

El Palomo, al oír la respuesta, bajó en picado y se posó en tierra. Era más grande que un pavo.

—¿Conoces entonces a Geppetto? —preguntó al muñeco.

—¿Que si lo conozco? ¡Es mi pobre padre! ¿Acaso te ha hablado de mí? ¿Me llevas con él? ¿Está aún vivo? ¡Contéstame, por favor! ¿Vive aún?

—Lo dejé hace tres días, en la playa.

—¿Qué hacía?

—Se fabricaba él solo un barquichuelo para atravesar el océano. Hace más de cuatro meses que el pobre hombre recorre el mundo en tu busca; y, como no te encuentra, se le ha metido en la cabeza buscarte en los lejanos países del Nuevo Mundo.

—¿Cuánto hay de aquí a la playa? —preguntó Pinocho, con afanosa ansia.

—Más de mil kilómetros.

—¿Mil kilómetros? ¡Oh, Palomo, qué estupendo si pudiera tener tus alas!

—Si quieres venir, te llevo.

—¿Cómo?

—A caballo sobre mi grupa. ¿Pesas mucho?

—¿Pesar? ¡Nada de eso! Soy ligero como una pluma.

Y, sin esperar a más, Pinocho saltó a la grupa del Palomo; puso una pierna a cada lado, como hacen los jinetes, y gritó, muy contento:

—¡Galopa! ¡Galopa, caballito, que tengo prisa por llegar!

El Palomo remontó el vuelo y en pocos minutos estuvo tan alto que casi tocaban las nubes. En aquella extraordinaria altura, el muñeco tuvo la curiosidad de volverse a mirar; y sintió tanto miedo y tal vértigo que, para evitar caerse, se aferró muy, muy fuerte al cuello de su cabalgadura de plumas.

Volaron todo el día. Al hacerse de noche, el Palomo dijo:

—¡Tengo mucha sed!

—¡Y yo mucha hambre! —añadió Pinocho.

—Parémonos unos minutos en este palomar; luego continuaremos el viaje, para estar mañana al amanecer en la playa.

Entraron en un palomar desierto donde sólo había una palangana llena de agua y un cestillo repleto de arvejas.

El muñeco no había podido tragar las arvejas en su vida; según él, le daban náuseas, le revolvían el estómago; pero aquella noche se dio un hartazgo y, cuando casi las había acabado, se volvió hacia el Palomo y le dijo:

—¡Nunca hubiera creído que las arvejas fueran tan buenas!

—Hay que convencerse, muchacho —replicó el Palomo—, de que cuando se tiene hambre de verdad y no hay otra cosa que comer, hasta las arvejas resultan exquisitas. ¡El hambre no tiene caprichos ni glotonerías!

Una vez tomado, rápidamente, este pequeño refrigerio, continuaron viaje. A la mañana siguiente llegaron a la playa.

El Palomo depositó a Pinocho en tierra y, no queriendo siquiera que le dieran las gracias por haber hecho tan buena acción, se remontó inmediatamente y desapareció.

La playa estaba llena de gente que gritaba y gesticulaba, mirando hacia el mar.

—¿Qué ocurrió? —preguntó Pinocho a una viejecita.

—Ha ocurrido que un pobre padre, habiendo perdido a su hijo, ha querido embarcarse en una barquichuela para ir a buscarlo al otro lado del mar; y el mar está hoy muy malo, y el barquichuelo, a punto de hundirse... —¿Dónde está el barquichuelo?

—Allá, a lo lejos, donde señalo con el dedo —dijo la vieja, indicando una pequeña barca que, vista desde aquella distancia, parecía un cascarón de nuez, con un hombrecito muy pequeño dentro.

Pinocho fijó los ojos en aquel sitio y, tras haber mirado atentamente, lanzó un chillido agudísimo, gritando:

—¡Es mi padre! ¡Es mi padre!

Entretanto, el barquichuelo, batido por la furia de las olas, desaparecía entre las grandes ondas, volvía a flotar; y Pinocho, erguido en lo alto de una roca, no dejaba de llamar a su querido padre por su nombre y de hacerle señas con las manos, con el pañuelo y hasta con el gorro que tenía en la cabeza.

Y pareció que Geppetto, aunque estaba muy lejos de la playa, había reconocido a su hijo, porque se quitó el gorro también él y lo saludó, y, a fuerza de ademanes, le dio a entender que volvería de buena gana, pero que el mar estaba tan picado que le impedía maniobrar con los remos para acercarse a tierra.

De repente se alzó una terrible ola y la barca desapareció. Esperaron a que la barca volviese a flote, pero no se la vio aparecer.

—¡Pobre hombre! -dijeron entonces los pescadores que se habían reunido en la playa; y, murmurando en voz baja una plegaria, se dispusieron a regresar a sus casas.

Pero he aquí que oyeron un desesperado grito y, volviéndose hacia atrás, vieron a un muchachito que desde la cima de una roca se arrojaba al mar, gritando:

—¡Quiero salvar a mi padre!

Pinocho, como era todo de madera, flotaba fácilmente y nadaba como un pez. Se le veía desaparecer bajo el agua, a causa del ímpetu de la marea, y asomar una pierna o un brazo, a gran distancia de la tierra. Al final lo perdieron de vista y ya no lo vieron más.

—¡Pobre muchacho! —dijeron entonces los pescadores que se habían reunido en la playa; y, murmurando en voz baja una plegaria, regresaron a sus casas.

Pinocho llega a la isla de las Abejas Industriosas y encuentra de nuevo al Hada.

PINOCHO ANIMADO POR la esperanza de llegar a tiempo para ayudar a su pobre padre, nadó toda la noche.

¡Qué horrible noche fue aquélla! ¡Diluvió, granizó, tronó espantosamente, con tales relámpagos que parecía de día!

Al amanecer; logró ver no muy lejos una larga franja de tierra. Era una isla en medio del mar.

Entonces se esforzó por acercarse a la playa; pero inútilmente. Las olas lo enviaban de una a otra, como si fuera un palito o una pajita. Finalmente, por suerte, vino una ola tan potente e impetuosa que lo lanzó sobre la arena de la playa.

El golpe fue tan fuerte que, al dar en tierra, le crujieron todas las costillas y todas las coyunturas; pero se consoló pronto, diciendo:

—¡También esta vez salí bien librado!

Mientras tanto, el cielo se serenó poco a poco, el sol apareció en todo su esplendor y el mar se quedó tan tranquilo y apacible como el aceite.

El muñeco tendió sus ropas a secar al sol y empezó a mirar aquí y allá, intentando distinguir en aquella inmensa extensión de agua un barquichuelo con un hombrecillo dentro. Pero, tras haber mirado muy bien, no vio otra cosa que cielo, mar y alguna vela de barco, pero tan lejana que parecía una mosca.

—¡Si al menos supiera cómo se llama esta isla! —se decía. ¡Si supiera al menos si esta isla está habitada por gente amable, quiero decir por gente que no tenga el hábito de colgar a los niños de las ramas de los árboles! Pero, ¿a quién puedo preguntárselo? ¿A quién, si aquí no hay nadie?

Esta idea de encontrarse solo, solo, solo, en medio de aquella gran región deshabitado le causó una melancolía tal que estaba a punto de llorar; de repente, vio pasar a poca distancia de la orilla un gran pez, que iba tranquilamente a sus cosas con la cabeza fuera del agua.

No sabiendo cuál era su nombre, el muñeco le gritó en voz alta, para hacerse oír:

—¡Eh, señor Pez! ¿Me permite una palabra?

—Y también dos —contestó el pez, que era un Delfín tan amable como se encuentran pocos en todos los mares del mundo.

—¿Me haría el favor de decirme si en esta isla hay pueblos donde pueda comer sin peligro de ser comido?

—Seguro que los hay —respondió el Delfín—. Más aún, encontrarás uno no muy lejos de aquí.

—¿Qué camino hay que seguir para llegar a él?

—Tienes que caminar por ese sendero, a mano izquierda, y continuar siempre recto. No puedes perderte.

—Dígame otra cosa. Usted, que se pasea día y noche por el mar, ¿no habrá encontrado, por casualidad, un barquichuelo con mi padre dentro?

—¿Y quién es tu padre?

—Es el padre más bueno del mundo, y yo soy el hijo más malo que pueda existir.

—Con la tempestad que ha habido esta noche —contestó el Delfín—, el barquichuelo se habrá hundido.

—¿Y mi padre?

—A estas horas se lo habrá tragado el terrible Tiburón que desde hace unos días está sembrando el exterminio y la desolación en nuestras aguas.

—¿Es muy grande ese Tiburón? —preguntó Pinocho, que ya empezaba a temblar de miedo.

—¿Que si es grande? —replicó el Delfín—. Para que puedas hacerte una idea, te diré que es más grande que una casa de cinco pisos; y tiene una bocaza tan ancha y tan profunda que podría tragarse cómodamente todo un tren, con la máquina encendida.

—¡Mi madre! —gritó el muñeco, espantado; se vistió a toda prisa, se volvió hacia el Delfín y le dijo-: ¡Hasta la vista, señor Pez! ¡Perdone las molestias y mil gracias por su amabilidad!

En cuanto dijo esto se fue por la senda, a paso ligero; tan ligero que casi parecía que corría. Al ruido más pequeño que escuchaba, todo era volverse a mirar hacia atrás, de miedo de verse perseguido por aquel terrible Tiburón, grande como una casa de cinco pisos y con un tren en la boca.

Tras media hora de camino llegó a un pueblecito llamado el Pueblo de las Abejas Industriosas. Las calles hormigueaban de personas que corrían de un lado a otro para atender a sus asuntos; todos trabajaban, todos tenían algo que hacer. Ni buscándolo con lupa se podía encontrar un holgazán o un vagabundo.

—¡Está claro! —dijo, muy pronto, el perezoso Pinocho—. ¡Este pueblo no es para mí! Yo no he nacido para trabajar.

Mientras tanto, el hambre lo atormentaba, pues había pasado veinticuatro horas sin comer nada, ni siquiera un plato de arvejas.

¿Qué hacer?

Sólo le quedaban dos recursos para quitarse el hambre: o buscar un trabajo o pedir limosna de unos centavos o un pedazo de pan.

Se avergonzaba de pedir limosna, porque su padre siempre le había dicho que sólo tienen derecho a pedir limosna los viejos y los enfermos. En este mundo, los verdaderos pobres, merecedores de asistencia y compasión, no son más que aquellos que por razones de vejez o enfermedad se ven condenados a no poder ganarse el pan con el trabajo de sus manos. Todos los demás tienen la obligación de trabajar; si no trabajan, pasan hambre.

En aquel instante pasó por la calle un hombre muy sudoroso y jadeante, que tiraba con esfuerzo de dos carros cargados de carbón.

A Pinocho le pareció que tenía aspecto de buena persona; así que se le acercó y, bajando los ojos avergonzado, le dijo en voz baja:

—¿Me haría la caridad de dar me un centavo? Me estoy muriendo de hambre.

—No sólo un centavo —contestó el carbonero—; te daré cuatro con tal de que me ayudes a llevar hasta mi casa estos dos carros de carbón.

—¡Me asombra! —contestó el muñeco, casi ofendido— ¡Ha de saber que nunca he hecho de asno, que jamás he tirado de un carro!

—¡Mejor para ti! —respondió el carbonero—. Entonces, muchacho, cuando de verdad te mueras de hambre, cómete dos tajadas de tu soberbia; y ten cuidado, no vayas a pescarte una indigestión.

Minutos después pasó por la calle un albañil que llevaba al hombro un balde de arena y cemento.

—Señor mío, ¿haría la caridad de darle un centavo a un pobre muchacho que bosteza de hambre?

—¡Encantado! Ven conmigo —contestó el albañil— y, en vez de un centavo, te daré cinco.

—¡Pero la carga es pesada! —replicó Pinocho—. Y yo no quiero cansarme.

—Si no quieres cansarte, muchacho, diviértete bostezando, y buen provecho te haga.

En menos de media hora pasaron otras veinte personas y Pinocho les pidió a todas una limosna, pero todas le contestan:

—¿No te da vergüenza? ¡En vez de hacer el haragán por las calles, vete a buscar trabajo y aprende a ganarte el pan!

Por último pasó una buena mujercita, que llevaba dos cántaros de agua.

—¿Me permite, buena mujer, que beba un sorbo de agua de su cántaro? —dijo Pinocho, que se moría de sed.

—Bebe, muchacho —dijo la mujercita, posando los dos cántaros en el suelo.

Cuando Pinocho hubo bebido como una esponja, farfulló a media voz, mientras se secaba la boca:

—¡La sed ya se me ha quitado! ¡Ojalá pudiera quitarme el hambre!

La buena mujercita, oyendo estas palabras, añadió en seguida:

—Si me ayudas a llevar a casa uno de estos cántaros de agua, te daré un trozo de pan.

Pinocho miró el cántaro y no dijo ni que sí ni que no.

—Y, con el pan, te daré un buen plato de coliflor, guisada con aceite y vinagre — añadió la buena mujer.

Pinocho echó otra ojeada al cántaro y no contestó ni que sí ni que no.

—Y después de la coliflor, te daré un rico dulce relleno de licor dulce.

Ante la seducción de esta última golosina, Pinocho no pudo resistir más; hizo de tripas corazón, y dijo:

—¡Le llevaré el cántaro hasta su casa!

El cántaro era muy pesado y el muñeco, sin fuerzas para llevarlo en las manos, se resignó a llevarlo en la cabeza.

Llegados a la casa, la buena mujercita hizo sentar a Pinocho ante una mesita y le puso delante el pan, la coliflor guisada y el dulce. Pinocho no comió, devoró.

Cuando se calmaron poco a poco los rabiosos mordiscos del hambre, levantó la cabeza para dar las gracias a su benefactora; pero aún no había acabado de clavar la mirada en su rostro cuando lanzó un ¡oh! de asombro y se quedó como embrujado, con los ojos fuera de las órbitas, el tenedor en el aire y la boca llena de pan y de coliflor.

—¿A qué se debe todo ese asombro? —preguntó, riéndose, la buena mujer.

—Es que... -contestó balbuceando Pinocho, es que... es que... usted se parece... usted me recuerda..., sí, sí, sí... la misma voz... los mismos ojos... los mismos cabellos... sí, sí, sí... también tiene los cabellos azules... ¡Como ella!... ¡Oh, Hada mía! Dime que eres en verdad el Hada. ¡No me hagas llorar más!

Y, mientras hablaba así, Pinocho rompió a llorar desesperadamente y, echándose al suelo, se abrazó a las rodillas de aquella misteriosa mujercita.

XXV

Pinocho promete al Hada ser bueno
y estudiar, porque está harto de ser
un muñeco y quiere convertirse en
un niño bueno.

AL PRINCIPIO, LA buena mujercita empezó a decir que ella no era la pequeña
Hada de cabellos azules; pero luego, viéndose descubierta y no queriendo prolongar la comedia, acabó por darse a conocer y le dijo a Pinocho:

—¡Muñeco travieso! ¿Cómo te has dado cuenta de que era yo?

—Mi cariño la descubrió.

—¿Te acuerdas? Me dejaste niña y ahora me encuentras mujer, tan mujer que casi podría ser tu mamá.

—Me encanta, porque así, en vez de hermanita, la llamaré mamá. Hace tanto tiempo que ansío tener una mamá como todos los niños… ¿Pero qué ha hecho para crecer tan de prisa?

—Es un secreto.

—Enséñemelo; también yo quisiera crecer un poco. ¿No ve? Sigo siendo pequeño.

—¡Pero tú no puedes crecer! -replicó el Hada.

—¿Por qué?

—Porque los muñecos no crecen nunca. Nacen como muñecos, viven como muñecos y mueren como muñecos.

—¡Oh! ¡Estoy harto de ser siempre un muñeco! —gritó Pinocho—. ¡Ya es hora de que sea yo también un hombre como los demás!

—Y lo serás, si sabes merecértelo…

—¿De veras? ¿Y qué puedo hacer para merecerlo?

—Una cosa facilísima: acostumbrarte a ser un niño bueno.

—¿Es que no lo soy?

—¡Qué vas a serlo! Los niños buenos son obedientes y tú… —Yo no obedezco nunca.

—Los niños buenos tienen amor al estudio y al trabajo y tú... —Y yo soy un holgazán y un vagabundo todo el año. —Los niños buenos dicen siempre la verdad y tú... —Y yo siempre mentiras.

—Los niños buenos van de buen grado a la escuela...

—Y a mí la escuela me pone la carne de gallina. Pero de hoy en adelante quiero cambiar de vida.

—¿Me lo prometes?

—Lo prometo. Quiero convertirme en un niño bueno y quiero ser el consuelo de mi padre... ¿Dónde estará mi pobre padre a estas horas?

—No lo sé.

—¿Tendré la suerte de volver a verlo y abrazarlo?

—Creo que sí; estoy casi segura.

El contento de Pinocho ante esta respuesta fue tal, que tomó las manos del Hada y empezó a besárselas con tanto entusiasmo que parecía fuera de sí. Después, alzando el rostro y mirándola cariñosamente, le preguntó:

—Dime, mamita, ¿así que no es verdad que te habías muerto?

—Parece que no —contestó sonriendo el Hada.

—Si supieras qué dolor y qué nudo en la garganta tuve cuando leí «Aquí yace...»

—Lo sé, y por eso te he perdonado. La sinceridad de tu dolor me hizo comprender que tenías buen corazón, y de los niños de buen corazón, aunque sean un poco traviesos y mal criados, siempre se puede esperar algo; es decir, siempre se puede esperar que vuelvan al buen camino. Por eso he venido a buscarte hasta aquí y seré tu mamá...

—¡Oh, qué estupendo! —gritó Pinocho, saltando de alegría.

—Tú me obedecerás y harás siempre lo que yo diga.

—¡Encantado, encantado, encantado!

—Desde mañana —añadió el Hada—, empezarás a ir a la escuela. Pinocho se puso de pronto un poco menos alegre.

—Después escogerás un oficio que te guste. Pinocho se puso serio.

—¿Qué refunfuñas entre dientes? —preguntó el Hada, con acento dolido.

—Decía —rezongó el muñeco a media voz— que me parece un poco tarde para ir a la escuela.

—No, señor. No olvides que nunca es tarde para aprender e instruirse. —Pero yo no quiero trabajar... —¿Por qué?

—Porque el trabajar me fatiga.

—Hijo mío —dijo el Hada—, los que dicen eso acaban siempre en la cárcel o en el hospital. El hombre, para que lo sepas, nazca rico o pobre, está obligado a hacer algo en este mundo, a ocuparse en algo, a trabajar. ¡Ay de quien se deje atrapar por el ocio! El ocio es una enfermedad feísima y hay que curarla en seguida, desde pequeñitos; si no, de mayores no se cura nunca.

Estas palabras llegaron al alma de Pinocho, el cual, levantando vivazmente la cabeza, le dijo al Hada:

Estudiaré, trabajaré, haré todo lo que me digas, porque ya estoy aburrido de la vida de muñeco y quiero a toda costa convertirme en un niño. Me lo has prometido, ¿no es verdad?

—Te lo he prometido y ahora depende de ti.

XXVI

Pinocho va con sus compañeros de
escuela a la orilla del mar, para ver
al terrible Tiburón.

AL DÍA SIGUIENTE, Pinocho fue a la escuela pública.
¡Figúrense a aquellos traviesos niños cuando vieron entrar en
su escuela a un muñeco! Fue una risotada que no acababa
nunca. Uno le gastaba una broma y el de más allá, otra;
uno le quitaba el gorro de la mano, otro le tiraba de la
chaqueta por detrás; alguno intentaba pintarle con tinta unos
grandes bigotes bajo la nariz, y hasta hubo quien quiso atarle
unos hilos a los pies y a las manos, para hacerlo bailar.

Durante un rato, Pinocho les dejó hacer con la mayor
tranquilidad; pero por fin, viendo que se le acababa la
paciencia, se volvió a los que más lo asediaban y se
burlaban de él y les dijo resueltamente:

—¡Miren, niños, no he venido aquí para ser su bufón! Yo
respeto a los demás y quiero ser respetado.

—¡Bravo! ¡Has hablado como un libro abierto! —chillaron
aquellos bribones, tirándose al suelo de risa; y uno de ellos,
más impertinente que los otros, alargó la mano con intención
de agarrar al muñeco por la punta de la nariz.

Pero no llegó a tiempo porque Pinocho extendió las
piernas por debajo de la mesa y le propinó una patada en
las canillas.

—¡Ay! ¡Qué pies más duros! —gritó el muchacho,
restregándose el moretón que le había hecho el muñeco.

—¡Y qué codos!... ¡Más duros que los pies! —dijo otro,
que por sus bromas pesadas se había ganado un codazo en
el estómago.

El caso es que después de aquella patada y aquel
codazo, Pinocho se granjeó en seguida la estimación y
simpatía de todos los niños de la escuela; todos le hacían
caricias y lo querían muchísimo.

Hasta el maestro estaba muy satisfecho porque lo veía
atento, estudioso, inteligente, siempre el primero en entrar en
la escuela y el último en ponerse de pie, acabadas las
clases.

El único defecto que tenía era el de frecuentar a demasiados compañeros; entre éstos había muchos pilluelos conocidísimos por sus pocas ganas de estudiar y de portarse bien.

El maestro lo advertía todos los días, y tampoco la buena Hada dejaba de decirle y repetirle muchas veces:

—¡Mira, Pinocho! Cuídate de esos compañeros tuyos que van a acabar, tarde o temprano, por hacerte perder el amor al estudio, y quizá te acarrearán una gran desgracia.

—¡No hay peligro! —contestaba el muñeco, encogiéndose de hombros y tocándose la frente con el índice, como diciendo: «Hay mucha cordura aquí dentro».

Pero ocurrió que un buen día, yendo a la escuela, encontró a una pandilla de los consabidos compañeros, que fueron a su encuentro y le dijeron:

—¿Sabes la gran noticia?

—No.

—Ha llegado a estos mares un Tiburón, grande como una montaña.

—¿De verdad? ¿Será el mismo Tiburón de cuando se ahogó mi padre?

—Nosotros vamos a la playa para verlo. ¿Vienes tú también?

—Yo, no; quiero ir a la escuela.

—¿Qué te importa la escuela? A la escuela ya iremos mañana. Total, con una lección más o menos, seguiremos siendo lo mismo de burros.

—¿Y el maestro, qué dirá?

—Que diga lo que quiera. Le pagan para que gruña todo el día.

—¿Y mi madre?

—Las madres nunca saben nada —contestaron ellos.

—¿Saben lo que haré? —dijo Pinocho—: Quiero ver a ese Tiburón, tengo mis razones.... pero iré después de la escuela.

—¡Pobre necio! —reprochó uno de la pandilla—. ¿Es que te crees que un pez de ese tamaño se va a quedar allí a tu conveniencia? En cuanto se aburra, continuará su marcha hacia otro lugar, y si te he visto no me acuerdo.

—¿Cuánto tiempo se necesita para ir de aquí a la playa? —preguntó el muñeco.

—En una hora estaremos de vuelta.

—Entonces, adelante. ¡El último es tonto! —gritó Pinocho. Dada así la señal de partida, aquella pandilla de pilluelos, con los libros y los cuadernos bajo el brazo, empezó a correr a través de los campos; Pinocho iba siempre delante de todos, como si tuviera alas en los pies.

De vez en cuando, volviéndose hacia atrás, se burlaba de sus compañeros, que se habían quedado a una distancia respetable, y al verlos sin aliento, jadeantes, polvorientos y con la lengua fuera, se reía con ganas. ¡El infeliz no sabía, en aquel momento, a cuántos temores y a qué terrible desgracia se precipitaba!

Gran pelea entre Pinocho y su camaradas; al ser herido uno de éstos, los guardias arrestan a Pinocho.

CUANDO LLEGÓ A la playa, Pinocho echó un gran vistazo al mar, pero no vio ningún Tiburón. El mar estaba tan liso como un gran espejo de cristal.

—¿Dónde está el Tiburón? —preguntó, volviéndose a sus camaradas.

—Se habrá ido a comer —contestó uno de ellos, riéndose.

—O se habrá ido a la cama, a descabezar un sueñecito —añadió otro, riendo aún más fuerte.

Por aquellas respuestas incongruentes y aquellas necias carcajadas, Pinocho comprendió que sus camaradas le habían jugado una mala broma, haciéndole creer una cosa que no era cierta; se enojó y les dijo, con voz airada:

—¡Bien! ¡Qué gracia le encuentran a haberme hecho creer el cuento del Tiburón?

—¡Tiene mucha gracia! —respondieron a coro aquellos pillos.

—¿Cuál?

—La de haberte hecho perder la escuela y venir con nosotros. ¿No te avergüenzas de ser todos los días tan puntual y aplicado en las lecciones? ¿No te da vergüenza estudiar tanto?

—¿Qué les importa a ustedes que yo estudie o deje de estudiar?

—Nos importa muchísimo, porque nos obligas a hacer un mal papel ante el maestro...

—¿Por qué?

—Porque los alumnos que estudian hacen desmerecer siempre a los que, como nosotros, no quieren estudiar. ¡Y nosotros no queremos desmerecer! ¡También tenemos nuestro amor propio!...

—Entonces, ¿qué debo hacer para darles en el gusto?

—Debes aburrirte tú también de la escuela, de las lecciones y del maestro, que son nuestros tres grandes enemigos.

—¿Y si quisiera seguir estudiando?

—No te miraríamos más a la cara y nos la pagarías en la primera ocasión.

—De verdad que casi me hacen reír —dijo el muñeco, encogiéndose de hombros.

—¡Eh, Pinocho! —gritó entonces el mayor de los muchachos—. ¡No vengas a hacerte el bravucón, no te hagas el gallito! ¡Porque, si tú no nos temes, nosotros no te tememos! ¡Acuérdate de que estás solo y de que nosotros somos siete!

—¡Siete, como los pecados capitales! —dijo Pinocho, con una gran risotada.

—¿Han oído? ¡Nos ha insultado a todos! ¡Nos ha comparado con los pecados capitales!

—¡Pinocho! ¡Pídenos perdón.... o si no, ay de ti!

—¡Cucú! —cantó el muñeco, tocándose la punta de la nariz con los dedos en señal de burla.

—¡Pinocho! ¡Vamos a acabar mal!

—¡Cucú!

—¡Te vas a ganar más palos que un burro!

—¡Cucú!

—¡Volverás a casa con la nariz rota!

—¡Cucú!

—¡El cucú te lo voy a dar yo! —gritó el más atrevido de los pilluelos—: ¡Toma esto, a cuenta, y guárdalo para la cena de esta noche!

Y le lanzó un puñetazo a la cabeza.

Pero fue, como suele decirse, toma y da; porque el muñeco, como era de esperar, contestó de inmediato con otro puñetazo; y en un instante el combate se hizo general y encarnizado.

Pinocho, aunque estaba solo, se defendía como un héroe. Con sus pies de madera durísima golpeaba tan bien que mantenía siempre a los enemigos a respetuosa distancia. Allí donde podían llegar sus pies, dejaba un moretón como recuerdo.

Entonces los muchachos, despechados porque no se podían medir con el muñeco en un cuerpo a cuerpo, pensaron en utilizar proyectiles; y, desatando los paquetes de libros de la escuela, empezaron a lanzar contra él los Silabarios, las Gramáticas, los Juanitos, los Minuzzoli, los

Cuentos de Thouar y el Polluelo de la Baccini, y otros libros escolares; pero el muñeco, que tenía buena vista, los esquivaba a tiempo y los volúmenes pasaban sobre su cabeza e iban todos a caer al mar.

¡Figúrense los peces! Los peces, creyendo que aquellos libros eran comestibles, corrían en bandadas a flor de agua; pero tras haber probado alguna página o alguna tapa, la escupían en seguida, haciendo con la boca una mueca que parecía significar: «No es para nosotros: estamos acostumbrados a comer cosas mejores».

La lucha se hacía cada vez más feroz, y sucedió que un gran Cangrejo, que había salido del agua y se arrastraba despacito por la playa, gritó con un vozarrón de trompeta acatarrada:

—¡Quietos, bribones, que no son más que eso! ¡Estas guerras entre muchachos nunca acaban bien! ¡Siempre pasa alguna desgracia!

¡Pobre Cangrejo! Fue lo mismo que predicar en el desierto. Hasta el sinvergüenza de Pinocho, volviéndose a mirarlo con encono, le dijo groseramente:

—¡Cállate, Cangrejo odioso! Mejor harías chupando dos pastillas medicinales para curarte ese resfriado de garganta. ¡Vete a la cama y trata de sudar!

Mientras tanto, los muchachos, que habían acabado ya de tirar todos sus libros, vieron a poca distancia el paquete de libros del muñeco y se apoderaron de él inmediatamente.

Entre aquellos libros había un volumen encuadernado en cartón grueso, con el lomo y las cantoneras de pergamino. Era un Tratado de Aritmética. ¡Los dejo imaginar lo pesado que era!

Uno de los chicuelos agarró el volumen y, apuntando a la cabeza de Pinocho, lo lanzó con toda la fuerza de su brazo; pero en vez de alcanzar al muñeco le dio en la cabeza a uno de sus compañeros, el cual se puso blanco como un papel y sólo pudo decir estas palabras:

—¡Mamá, mamá, ayúdame…, que me muero!

Y cayó cuan largo era sobre la arena de la playa. Al ver a su amigo como muerto, los muchachos, asustados, se dieron a la fuga, y en pocos minutos no quedó ni uno.

Pero Pinocho se quedó allí, aunque también él estaba más muerto que vivo del susto y del dolor; corrió a empapar su pañuelo al agua del mar y se puso a humedecer las sienes de su pobre compañero de escuela. Mientras tanto lloraba a lágrima viva y, desesperándose, lo llamaba por su nombre y decía:

—¡Eugenio! … ¡Pobre Eugenio!… ¡Abre los ojos y mírame… ¿Por qué no me contestas?… No he sido yo, ¿sabes?, quien te ha hecho tanto daño. ¡Créeme, no he sido yo!… ¡Abre los ojos, Eugenio!… Si continúas con los ojos cerrados me moriré yo también… ¡Dios mío! ¿Cómo voy a volver a casa?… ¿Con qué cara voy a presentarme a mi buena mamá? ¿Qué será de mí?… ¿A dónde huiré?… ¿Dónde podré esconderme?… ¡Oh, habría sido mejor, mil veces mejor, que hubiera ido a la escuela! ¿Por qué hice caso de estos compañeros, que son mi condenación?… El maestro me lo había dicho… y mi mamá me lo había repetido: «Cuídate de las malas compañías». Pero yo soy un testarudo…, un porfiado… ¡Dejo hablar a todos y luego hago lo que me da la gana! Y después me toca pagarlo… Y por eso, desde que estoy en el mundo, no he tenido un cuarto de hora tranquilo. ¡Dios mío! ¿Qué será de mí?

…

Pinocho continuaba llorando, dándose golpes en la cabeza y llamando por su nombre al pobre Eugenio, cuando oyó de repente un ruido de pasos que se acercaban.

Se volvió: eran dos guardias.

—¿Qué haces ahí, tirado en el suelo? —preguntaron a Pinocho.

—Ayudo a este compañero de escuela.

—¿Está mal?

—Me parece que sí…

—¡Parece que muy mal! —dijo uno de los guardias, inclinándose y observando a Eugenio de cerca—. Este muchacho ha sido herido en la sien. ¿Quién lo hirió?

—Yo no —balbuceó el muñeco, sin aliento para más.

—Si no fuiste tú, ¿quién lo ha herido?

—Yo no —repitió Pinocho.

—¿Y con qué lo han herido?

—Con este libro.

Y el muñeco recogió del suelo el Tratado de Aritmética, encuadernado en cartón y pergamino, para enseñárselo al guardia.

—¿Y este libro de quién es?

—Mío.

—Ya basta; no hay que saber más. Levántate y ven con nosotros.

—Pero yo...

—¡Ven con nosotros! —Pero yo soy inocente... —¡Ven con nosotros!

Antes de marcharse, los guardias llamaron a unos pescadores que en ese momento pasaban con su barca cerca de la playa, y les dijeron:

—Les confiamos a este chico herido en la cabeza. Llévenlo a su casa y cuídenlo. Mañana vendremos a verlo.

Después se volvieron a Pinocho y, poniéndolo entre los dos, le ordenaron con acento militar:

—¡Adelante, y camina ligero! ¡Si no, va a ser peor para ti!

Sin hacérselo repetir, el muñeco empezó a andar por la senda que llevaba al pueblo. Pero el pobre diablo ni sabía en qué mundo estaba. Le parecía soñar una horrible pesadilla. Estaba fuera de sí.

Sus ojos lo veían todo doble, las piernas le temblaban, la lengua se le había pegado al paladar y no podía articular ni una palabra. Sin embargo, en medio de aquel estupor y entontecimiento, una agudísima espina le traspasaba el corazón: el pensamiento de que debía pasar bajo las ventanas de la casa de su buena Hada entre los dos guardias. Hubiera preferido morir.

Habían llegado ya y estaban a punto de entrar en el pueblo, cuando una juguetona ráfaga de viento arrebató el gorro de la cabeza de Pinocho, llevándolo a una docena de pasos de allí.

—¿Me permiten —dijo el muñeco a los guardias—, que vaya a recoger mi gorro?

—Recógelo, pero vuelve en seguida.

El muñeco fue, recogió el gorro..., y, en vez de ponérselo en la cabeza, se lo metió en la boca, entre los dientes, y empezó a correr a toda prisa hacia la playa. Corría como una bala.

Los guardias, pensando que sería difícil alcanzarlo, azuzaron tras él a un gran mastín, que había ganado el primer premio en todas las carreras de perros. Pinocho corría y el perro corría más que él, por lo que la gente se asomaba a las ventanas y se agolpaba en medio de la calle, ansiosa de ver el desenlace de aquella feroz carrera. Pero no pudieron darse ese gusto, porque el mastín y Pinocho levantaban en el camino una polvareda tal que a los pocos minutos ya no se pudo ver nada.

XXVIII

Pinocho corre el peligro de que lo
frían en una sartén, como un pez.

DURANTE AQUELLA desesperada carrera, hubo un momento terrible, un momento en el que Pinocho se creyó perdido; pues hay que saber que Alidoro (así se llamaba el perro), a fuerza de correr y correr, casi lo había alcanzado.

El muñeco sentía a sus espaldas, a un palmo de distancia, el jadear afanoso de la fiera, e incluso percibía el cálido vaho de sus resoplidos.

Afortunadamente la playa estaba ya cerca; y el mar se veía a pocos pasos.

En cuanto pisó la playa, el muñeco dio un gran salto, que hubiera envidiado una rana, y cayó al agua, Alidoro, en cambio, intentó detenerse pero, arrastrado por el ímpetu de la carrera, entró también en el agua. Y el desgraciado no sabía nadar, por lo que inmediatamente se puso a patalear para salir a flote; pero cuanto más pataleaba más se le hundía la cabeza en el agua.

Cuando por fin consiguió sacarla, el pobre bicho tenía los ojos aterrorizados y fuera de las órbitas y, ladrando, gritaba:

—¡Me ahogo! ¡Me ahogo!

—¡Revienta! —le contestó, desde lejos, Pinocho, que ya se veía fuera de peligro.

—¡Ayúdame, Pinochito!... ¡Sálvame de la muerte!

Ante aquellos gritos desgarradores, el muñeco, que en el fondo tenía un corazón de oro, se compadeció y, volviéndose hacia el perro, le preguntó:

—¿Me prometes que, si te ayudo a salvarte, no me molestaras más ni volverás a perseguirme?

—¡Te lo prometo! ¡Te lo prometo! Y date prisa, por favor, que si tardas medio minuto ya no hay quien me salve.

Aún titubeó Pinocho; pero después, recordando que su padre le había dicho muchas veces que uno jamás se arrepiente de una buena acción, nadó hasta Alidoro, y tirándole de la cola con ambas manos lo llevó sano y salvo hasta la arena seca de la playa.

El pobre animal no se tenía en pie. Había bebido, contra su voluntad, tanta agua salada, que estaba hinchado como un globo. Sin embargo, el muñeco, que no se fiaba demasiado, juzgó prudente echarse otra vez al mar y mientras se alejaba de la playa gritó al amigo salvado:

—¡Adiós, Alidoro! ¡Buen viaje y recuerdos a la familia!

-Adiós, Pinochito —contestó el perro—, muchas gracias por haberme librado de la muerte. Me has hecho un gran servicio y en este mundo nada se hace en vano. Si llega la ocasión, lo comprobarás.

Pinocho continuó nadando, sin alejarse mucho de la costa. Por fin le pareció que había llegado a un lugar seguro y, echando una ojeada a la playa, vio sobre los escollos una especie de gruta, de la que salía un larguísimo penacho de humo.

—En esa gruta —se dijo— debe haber fuego. ¡Tanto mejor! Iré a secarme y a calentarme; después…. después veremos qué pasa.

Tomada esta resolución, se acercó a la escollera; pero cuando estaba a punto de trepar, sintió algo bajo el agua que subía, subía y se lo llevaba por los aires. Intentó huir, pero ya era tarde, porque con grandísimo asombro se encontró encerrado en una gruesa red, en medio de un montón de peces de todas clases y tamaños que coleaban y se revolvían como almas que lleva el diablo.

Al mismo tiempo vio salir de la gruta a un pescador feo, tan feo que parecía un monstruo marino. Sobre su cabeza, en lugar de pelo, crecía una tupida mata de verde hierba; verde era la piel de su cuerpo, verdes los ojos, verde la larguísima barba que casi le llegaba a los pies. Parecía un enorme lagarto erguido sobre las patas traseras.

Cuando el pescador terminó de sacar la red del mar, gritó, muy contento:

—¡Bendito sea Dios! ¡También hoy podré darme un buen atracón de peces! «Menos mal que yo no soy un pez», dijo pinocho para sí, recobrando algo de valor.

La red llena de peces fue llevada al interior de la gruta, una gruta oscura y ahumada, en medio de la cual borboteaba una gran sartén con aceite que despedía un olorcillo de callampas que cortaba la respiración.

—Veamos, ahora, qué peces hemos cogido —dijo el pescador verde; e introduciendo en la red una manaza monstruosa, que parecía una gran pala de panadero, sacó un puñado de salmonetes.

—¡Buenos salmonetes! —exclamó, mirándolos, y olfateándolos con deleite. Y, tras haberlos olfateado, los echó en una concavidad de la roca.

Después repitió varias veces la misma operación; y a medida que iba sacando los restantes peces, se le hacía agua la boca y decía, alborozado:

—¡Buenas merluzas!...

—¡Exquisitos congrios!...

—¡Deliciosos lenguados!...

—¡Espléndidos pejerreyes! ...

—¡Ricos boquerones, con cabeza y todo!...

Como se pueden imaginar, las merluzas, los congrios, los lenguados, los pejerreyes y los boquerones, fueron a hacer compañía a los salmonetes en su hueco.

El último que quedó en la red fue Pinocho.

Apenas lo hubo sacado, el pescador desorbitó sus ojazos, al tiempo que gritaba, casi atemorizado:

—¿Qué clase de pescado es éste? ¡No recuerdo haber comido nunca peces así!

Y volvió a mirarlo atentamente; tras haberlo mirado y remirado, dijo por fin:

—Ya entiendo; debe ser un cangrejo de mar.

Entonces Pinocho, mortificado al ver que lo tomaban por un cangrejo, exclamó, con resentimiento:

—¡Qué cangrejo ni qué ocho cuartos! ¡Mire cómo me trata! Yo, para que se entere, soy un muñeco.

—¿Un muñeco? —replicó el pescador—. Debo confesar que el pez-muñeco es nuevo para mí. Mejor así.

Te comeré con más ganas.

—¿Comerme? ¿No comprende que no soy un pez? ¿O es que no se da cuenta de que hablo y razono como usted?

—Es cierto —añadió el pescador—, y como veo que eres un pez que tiene la suerte de hablar y razonar como yo, estoy dispuesto a tratarte con los debidos miramientos.

—¿Y en qué consisten esos miramientos?

—Como signo de amistad y de particular estima, dejo a tu elección la forma de ser cocinado. ¿Deseas ser frito en la sartén o prefieres ser cocido en la olla, con salsa de tomate?

—A decir verdad —repuso Pinocho, si debo elegir, prefiero ser dejado en libertad, para poder volver a mi casa.

—¡Estás de broma! ¿Crees que voy a desperdiciar la ocasión de probar un pez tan raro? No todos los días se pesca en estos mares un pez-muñeco. Déjalo de mi cuenta; te freiré junto a los otros peces y así te sentirás a gusto. Ser frito en compañía es siempre un consuelo.

Ante esta perspectiva, el infeliz Pinocho empezó a llorar, a chillar y a pedir clemencia, al tiempo que decía:

—¡Cuánto mejor hubiera sido ir a la escuela!... He seguido el consejo de los compañeros y ahora lo pago... ¡Ay, ay, ay!...

Y, como se retorcía a la manera de una anguila y hacía desesperados esfuerzos para escurrirse de las manos del pescador verde, éste tomó una vara de junco y, tras atarlo de pies y manos, como un salchichón, lo arrojó a la concavidad con los otros peces.

Después, sacando un tarro de madera lleno de harina, se dedicó a rebozar a todos los peces; y, a medida que los enharinaba, los iba echando a la sartén.

Las primeras en bailar dentro del aceite hirviendo fueron las pobres merluzas; después les tocó el turno a los pejerreyes, luego a los congrios, luego a los lenguados y a los boquerones, y por fin le llegó el turno a Pinocho. Este, al verse tan cerca de la muerte (¡y qué clase de muerte!), fue presa de un temblor y un miedo tan intenso que no consiguió sacar ni un hilo de voz para pedir misericordia.

El pobrecillo se limitó a pedirla con los ojos. Pero el pescador verde, sin echarle siquiera un vistazo, le dio cinco o seis vueltas en la harina, rebozándolo de pies a cabeza y convirtiéndolo en una especie de muñeco de yeso.

A continuación, lo agarró por la cabeza y...

Regresa a casa del Hada, que le promete que al día siguiente ya no será un muñeco, sino que se convertirá en un niño. Gran desayuno de café con leche para festejar este gran acontecimiento.

CUANDO EL PESCADOR estaba justamente a punto de echar a Pinocho en la sartén, entró en la gruta un enorme perro, atraído por el tentador y penetrante olor de la fritura.

—¡Fuera! —le gritó el pescador, amenazándole y sin soltar de la mano al enharinado muñeco.

Pero el pobre perro tenía un hambre de mil diablos y, gimiendo y meneando el rabo, parecía decir: «Dame un bocado de fritura y te dejo en paz».

—¡Fuera, te digo! —repitió el pescador; y alargó la pierna para darle una patada.

Entonces el perro, que cuando tenía hambre de verdad no se andaba con bromas, se revolvió gruñendo contra el pescador, enseñándole sus terribles colmillos.

En ese momento se oyó en la gruta una vocecita muy débil, que decía:

—¡Sálvame, Alidoro! Si no me salvas, puedo darme por frito... El perro reconoció de inmediato la voz de Pinocho y advirtió, con enorme asombro, que la vocecita salía del revoltijo enharinado que el pescador tenía en la mano.

¿Qué hizo entonces? Dio un gran salto desde el suelo, apresó suavemente con los dientes el bulto enharinado y salió corriendo de la gruta, como una exhalación. El pescador, furiosísimo de que le arrancaran de las manos un pez al que tenía tantas ganas de comer, trató de perseguir al perro; pero a los pocos pasos sufrió un acceso de tos y tuvo que volverse atrás.

Entretanto, Alidoro, alcanzada ya la senda que llevaba al pueblo, se detuvo y posó delicadamente en el suelo a su amigo Pinocho.

—¡Cuánto tengo que agradecerte —dijo el muñeco.

—No hay de qué —replicó el perro, tú me salvaste a mí, y lo que se hace, se devuelve. Ya se sabe: en este mundo hay que ayudarse unos a otros.

—¿Y cómo fuiste a parar a aquella gruta?

—Seguía tendido en la playa, más muerto que vivo, cuando el viento me trajo desde lejos un olorcillo de fritura. El olorcillo me despertó el apetito y lo seguí... ¡Si llego un minuto más tarde!...

—¡Ni lo digas! —gritó Pinocho, que aún temblaba de miedo—. ¡Ni lo digas! Si llegas un minuto más tarde, a estas horas ya estaría frito, comido y digerido. —¡Brrr!... ¡Me estremezco sólo de pensarlo!

Alidoro, riendo, extendió la pata derecha hacia el muñeco, que se la apretó fuertemente en señal de amistad; después se separaron.

El perro reemprendió el camino de su casa; y Pinocho, cuando se quedó solo, fue hasta una cabaña no muy distante de allí y le preguntó a un viejecillo que estaba en la puerta, calentándose al sol:

—Dígame, buen hombre, ¿sabe algo de un pobre chico herido en la cabeza, que se llama Eugenio?

—El chico fue traído por unos pescadores a esta cabaña y ahora... —¡Ahora está muerto! — interrumpió Pinocho, con gran dolor.

—No: ahora está vivo y ya ha vuelto a su casa —replicó el viejecillo.

—¿De veras? ¿De veras? —rió el muñeco, saltando de alegría—. ¿De modo que la herida no era grave?...

—Podría haber sido gravísima, e incluso mortal —repuso el viejecillo—, porque le tiraron a la cabeza un enorme libro encuadernado en cartón.

—Y ¿quién se lo tiró?

—Un compañero de escuela: un tal Pinocho...

—¿Quién es ese Pinocho? —preguntó el muñeco, haciéndose el desentendido. —Dicen que es un golfillo, un vagabundo, un verdadero indeseable... —¡Calumnias! ¡Todo calumnias!

—¿Conoces tú a ese Pinocho?

—¡De vista! —contestó el muñeco.

—¿Y qué concepto tienes de él?

—A mí me parece un gran chico, lleno de ganas de estudiar, obediente, cariñoso con su padre y su familia...

Mientras el muñeco espetaba tranquilamente todas estas mentiras, se tocó la nariz y advirtió que se le había alargado más de un palmo. Entonces, muy asustado, empezó a gritar:

—No haga caso, buen hombre, de todo lo que le he dicho; conozco perfectamente a Pinocho y puedo asegurarle tam- bién que es realmente un niño desobediente y un haragán, y que, en vez de ir a la escuela, se va con sus camaradas a hacer travesuras.

Apenas hubo pronunciado estas palabras, la nariz se le acortó y volvió a su tamaño natural, como antes.

—¿Y por qué estás tan manchado de blanco? —le preguntó de repente el viejecillo.

—Le diré.... sin darme cuenta me he restregado contra una pared recién encalada —contestó el muñeco, avergonzándose de confesar que lo habían rebozado como a un pescado para freírlo en una sartén.

—¿Y qué hiciste con tu chaqueta, tus pantalones y tu gorro?

—Me encontré a unos ladrones que me los robaron. Dígame, buen anciano, ¿no tendría cualquier cosa que yo pueda ponerme para volver a casa?

—Hijo mío, en materia de trajes no tengo más que un saquito donde guardo maníes y castañas. Si lo quieres, tómalo; ahí está.

Pinocho no se lo hizo decir dos veces; tomó el saco indicado, el que estaba vacío, y tras haberle hecho con las tijeras un agujero en el fondo y dos agujeros en los lados, se lo metió como una camisa. Y así, sumariamente vestido, se encaminó hacia el pueblo.

Pero por el camino no se sentía muy tranquilo; hasta el punto de que daba un paso hacia adelante y otro hacia atrás, y, hablando consigo mismo, iba diciendo:

—¿Cómo me las arreglo para presentarme así ante mi buena Hada? ¿Qué diré cuando me vea?... ¿Querrá perdonarme esta segunda trastada?... Apuesto a que no me la perdona.... oh, no, seguro que no me la perdona... Y será por mi culpa; porque soy un granuja que siempre prometo corregirme y nunca cumplo mi palabra...

Llegó al pueblo ya entrada la noche, y como hacía muy mal tiempo y llovía a cántaros se fue derecho a casa del Hada, decidido a llamar a la puerta para que le abriesen.

Pero cuando se vio allí sintió que le faltaba el valor y, en vez de llamar, se alejó corriendo una veintena de pasos.

Se acercó por segunda vez a la puerta, e igual resultado; se acercó por tercera vez, y nada; la cuarta vez cogió temblando la aldaba de hierro y arriesgó un pequeño golpe.

Espera que te esperarás, por fin, después de media hora, se abrió una ventana del último piso (la casa tenía cuatro pisos) y Pinocho vio asomarse a un gran Caracol, que tenía una lamparilla encendida en la cabeza, que le dijo:

—¿Quién llama a estas horas?

—¿Está el Hada en casa? —preguntó el muñeco.

—El Hada duerme y no quiere que la despierten. Pero, ¿quién eres tú?

—¡Soy yo!

—¿Quién es «yo»?

—Pinocho.

—¿Qué Pinocho?

—El muñeco, el que vive con el Hada.

—¡Ah! Ya comprendo —dijo el Caracol—. Espérame ahí, que ahora bajo y te abro en seguida.

—Dése prisa, por favor, que me muero de frío.

—Hijo mío, soy un Caracol, y los Caracoles nunca tienen prisa.

Pasó una hora, pasaron dos, y la puerta no se abría; en vista de ello, Pinocho, que temblaba de frío, de miedo y del agua que tenía encima, cobró ánimos y llamó por segunda vez, y llamó más fuerte.

Ante aquella segunda llamada se abrió una ventana del piso inferior y se asomó el consabido Caracol.

—¡Caracolito lindo —gritó Pinocho desde la calle—, hace dos horas que espero! Y dos horas, con esta nochecita, se hacen más largas que dos años. ¡Dése prisa, por favor!

—Hijo mío —contestó el flemático y pacífico animalito desde la ventana—, hijo mío, soy un Caracol, y los Caracoles nunca tienen prisa.

Y la ventana volvió a cerrarse.

Pronto dieron las doce; después la una, después las dos, y la puerta continuaba cerrada.

Entonces Pinocho, perdiendo la paciencia, agarró con rabia la aldaba de la puerta para un gran golpe que atronase todo el edificio; pero la aldaba, que era de hierro, se convirtió de repente en una anguila viva, que se escurrió de sus manos y desapareció en el reguero de agua que había en medio de la calle.

—¡Ah! ¿Sí? —gritó Pinocho, cada vez más cegado por la cólera—. Pues si la aldaba ha desaparecido, seguiré llamando a fuerza de patadas.

Y, echándose un poco hacia atrás, descargó un solemnísimo puntapié en la puerta de la casa. El golpe fue tan fuerte que el pie penetró hasta la mitad en la madera; y cuando el muñeco trató de sacarlo, fue trabajo perdido; porque el pie había quedado hundido dentro, como un clavo remachado.

¡Figúrense al pobre Pinocho! Tuvo que pasar el resto de la noche con un pie en el suelo y otro en el aire.

Por la mañana, al despuntar el día, se abrió por fin la puerta. El buen Caracol sólo había tardado nueve horas en bajar desde el cuarto piso hasta la puerta de la calle. ¡Debía sentirse agotado tras semejante apresuramiento!

—¿Qué haces con el pie clavado en la puerta? —preguntó, riendo, al muñeco.

—Ha sido una desgracia. Mire a ver si consigue liberarme de este suplicio, Caracolito lindo.

—Hijo mío, para eso tendría que ser un leñador y yo nunca lo he sido.

—Pídaselo al Hada de mi parte…

—El Hada duerme y no quiere que la despierten.

—Y ¿qué quiere que haga yo, clavado todo el día en esta puerta?

—Diviértete contando las hormigas que pasen por la calle.

—Tráigame, al menos, algo de comer, porque estoy agotado.

—¡Ahora mismo! —contestó el Caracol.

En efecto, tres horas y media después Pinocho lo vio regresar con una bandeja de plata en la cabeza. En la bandeja había un pan, un pollo asado y cuatro albaricoques maduros.

—Ahí tienes el desayuno que te manda el Hada —dijo el Caracol.

Ante tanta abundancia, el muñeco se consoló del todo. ¡Cuál no sería su desencanto cuando, al empezar a comer, advirtió que el pan era de yeso, el pollo de cartón y los cuatro albaricoques de alabastro coloreado!

Quería llorar, quería entregarse a la desesperación, quería tirar la bandeja con todo lo que contenía; pero en cambio, bien por el intenso dolor, bien por el vacío del estómago, el caso es que cayó desvanecido.

Cuando volvió en sí se encontró tendido en un sofá, con el Hada a su lado.

—También esta vez te perdono —le dijo el Hada—, pero, ¡ay de ti si haces otra de las tuyas!...

Pinocho prometió y juró que estudiaría y que siempre se portaría bien. Y mantuvo su palabra durante el resto del año. En efecto, en los exámenes de verano alcanzó el honor de ser el mejor de la escuela; su comportamiento, en general, fue juzgado tan bueno y satisfactorio que el Hada, muy contenta, le dijo:

—¡Mañana por fin se cumplirá tu deseo!

—¿Cuál?

—Mañana dejarás de ser un muñeco de madera y te convertirás en un buen muchacho.

Quien no vio la alegría de Pinocho ante esta noticia tan anhelada no podrá imaginársela jamás.

Todos sus amigos y compañeros de escuela fueron invitados, para el día siguiente, a un gran desayuno en casa del Hada para festejar juntos el gran acontecimiento; el Hada hizo preparar doscientas tazas de café con leche y cuatrocientos panecillos con mantequilla. La jornada prometía ser muy bella y alegre, pero...

Desgraciadamente, en la vida de los muñecos siempre hay un pero que echa a perder las cosas.

XXX

Pinocho, en vez de convertirse en un niño, parte a escondidas con su amigo Mecha hacia el País de los Juguetes.

COMO ES NATURAL, Pinocho pidió inmediatamente permiso al Hada para recorrer la ciudad haciendo las invitaciones, y el Hada le dijo:

—Muy bien, ve a invitar a tus compañeros al desayuno de mañana; pero acuérdate de volver a casa antes de que sea de noche. ¿Entendido?

—Prometo que regresaré dentro de una hora —replicó el muñeco.

—¡Cuidado, Pinocho! Los niños prometen muchas cosas que después, en la mayoría de los casos, no cumplen.

—Pero yo no soy como los demás; yo, cuando digo una cosa, la mantengo.

—Ya veremos. Si desobedeces, peor para ti.

—¿Por qué?

—Porque los niños que no hacen caso de los consejos de quien sabe más que ellos, se encuentran siempre con alguna desgracia.

—¡Yo ya lo probé! —dijo Pinocho—. ¡Pero ahora no picaré ese anzuelo!

—Veremos si es cierto.

Sin añadir otras palabras, el muñeco se despidió de su buena Hada, que era para él como una madre, y salió de casa cantando y bailando.

En poco más de una hora todos sus amigos quedaron invitados. Unos aceptaron en seguida de muy buena gana. Otros se hicieron rogar un poco al principio, pero cuando supieron que los panecillos para mojar en el café con leche tenían mantequilla también por la parte de fuera, aceptaron todos diciendo:

—Iremos también nosotros, para complacerte.

Y ahora hay que saber que Pinocho, entre sus amigos y camaradas de escuela, tenía uno predilecto y muy querido, que se llamaba Romeo; pero todos lo llamaban con el sobrenombre de Mecha, debido a su aspecto enjuto y enflaquecido, igual que la mecha nueva de una lámpara.

Mecha era el niño más perezoso y travieso de toda la escuela, pero Pinocho lo quería mucho. Fue en seguida a buscarlo a su casa, para invitarlo al desayuno, pero no lo encontró; volvió por segunda vez y Mecha tampoco estaba; volvió por tercera vez e hizo el viaje en vano.

¿Dónde dar con él? Busca por aquí, busca por allá, por último lo vio escondido bajo el pórtico de una casa campesina.

—¿Qué haces ahí? —le preguntó Pinocho, acercándose.

—Espero a la medianoche, para partir.

—¿A dónde vas?

—¡Lejos, lejos, lejos!

—¡Y yo que he ido tres veces a buscarte a tu casa!... —¿Para qué me querías?

—¿No sabes el gran acontecimiento? ¿No sabes la suerte que tengo?

—¿Cuál?

—Mañana dejo de ser un muñeco y me convierto en un niño como tú y como todos los demás.

—Buen provecho te haga.

—Así que, mañana, te espero a desayunar en mi casa. —Ya te he dicho que me voy esta noche... —¿A qué hora?

—Dentro de poco.

—Y ¿a dónde vas?

—Voy a vivir a un sitio... que es el mejor país de este mundo: ¡una auténtica Jauja!...

—¿Cómo se llama?

—Se llama el País de los Juguetes. ¿Por qué no vienes tú también?

—¿Yo? ¡No, desde luego que no!

—¡Te equivocas, Pinocho! Créeme, te arrepentirás si no vienes. ¿Dónde vas a encontrar un país más saludable para nosotros, los niños? Allí no hay escuelas, ni maestros, allí no hay libros. En ese bendito país no se estudia nunca. El jueves no se va a la escuela; y las semanas se componen de seis jueves y un domingo. Figúrate que las vacaciones de verano empiezan el primero de enero y acaban en diciembre.

¡Al fin encontré un país que me gusta realmente! ¡Así deberían ser todas las naciones civilizadas!...

—¿Y cómo se pasan los días en el País de los Juguetes?

—Se pasan jugando y divirtiéndose de la mañana a la noche. Por la noche uno se va a la cama y a la mañana siguiente, vuelta a empezar. ¿Qué te parece?

—¡Hum!... —dijo Pinocho; y sacudió levemente la cabeza, como diciendo:

«Llevaría de buen grado esa vida».

—Entonces, ¿quieres venirte conmigo? ¿Sí o no? Decídete.

—No, no, y mil veces no. Ya he prometido a mi buena Hada que me convertiría en un buen chico, y quiero mantener mi promesa. Y como veo que el sol se está poniendo, ahora mismo te dejo y me voy. Conque, adiós, y buen viaje.

—¿A dónde corres con tanta prisa?

—A casa. Mi buena Hada quiere que regrese antes de anochecer.

—Espera dos minutos más.

—Se me hace tarde.

—Sólo dos minutos.

—¿Y si luego el Hada me grita?

—Déjala gritar. Cuando haya gritado a gusto, se callará —dijo aquel bribón de Mecha.

—¿Y cómo haces? ¿Te vas solo o acompañado?

—¿Solo? ¡Vamos más de cien niños!

—¿Y hacen el viaje a pie?

—Dentro de poco pasará por aquí el carro que nos recogerá para llevarnos a ese afortunadísimo país.

—¡Lo que daría porque el carro pasase ahora!... —¿Por qué?

—Para verlos partir a todos juntos.

—Espera otro poco y lo verás.

—No, no, quiero volver a casa.

—Espera otros dos minutos.

—¡Ya me he retrasado demasiado! El Hada estará preocupada por mí.

—¡Pobre Hada! ¿Acaso tiene miedo de que te coman los murciélagos?

—Pero, dime —agregó Pinocho—, ¿estás realmente seguro de que en ese país no hay escuelas?...

—Ni rastro de ellas. —¿Y tampoco maestros?... —Ni siquiera uno.

—¿Y no hay obligación de estudiar nunca?... —¡Nunca, nunca, nunca!

—¡Qué hermoso país! —dijo Pinocho, sintiendo que se le hacía agua la boca—. ¡Qué hermoso país! ¡No he estado nunca, pero me lo imagino! ... —¿Por qué no vienes tú también?

—¡Es inútil que me tientes! Ya le he prometido a mi buena Hada convertirme en un niño juicioso y no quiero faltar a mi palabra.

—Adiós, entonces, ¡y recuerdos a las escuelas!... y también a los institutos, si los ves por el camino.

—Adiós, Mecha; que tengas buen viaje, diviértete y acuérdate alguna vez de los amigos.

Dicho esto, el muñeco dio dos pasos para irse; pero después, parándose y volviéndose hacia su amigo, le preguntó:

—¿Estás bien seguro de que en ese país las semanas se componen de seis jueves y un domingo?

—Segurísimo.

—¿Sabes con seguridad que las vacaciones empiezan el primero de enero y acaban el último de diciembre?

—¡Indudable!

—¡Qué hermoso país! —repitió Pinocho, escupiendo a guisa de consuelo.

Luego, con ánimo resuelto, añadió a toda prisa:

—Bueno, adiós de verdad; y buen viaje.

—Adiós.

—¿Cuándo parten?

—Dentro de poco.

—¡Lástima! Si sólo faltase una hora para la partida, casi sería capaz de esperar.

—¿Y el Hada?...

—¡Total, ya se me ha hecho tarde!... Da lo mismo volver a casa una hora antes o después...

—¡Pobre Pinocho! ¿Y si te grita el Hada?

—¡Paciencia! La dejaré gritar. Cuando haya gritado a gusto, se callará.

Entretanto ya se había hecho de noche, y cerrada; de repente vieron moverse a lo lejos una lucecita... y oyeron un sonido de cascabeles y un tañido de trompeta, tan pequeño y sofocado que parecía el zumbido de un mosquito.

—¡Ahí está! —gritó Mecha, poniéndose en pie.

—¿Quién? —preguntó Pinocho en voz baja.

—El carro que viene a recogerme. Así, pues, ¿quieres venir, sí o no?

—Pero, ¿es absolutamente seguro —preguntó el muñeco que en ese país los niños no tienen nunca la obligación de estudiar?

—¡Nunca, nunca, nunca!

—¡Qué hermoso país!... ¡Qué hermoso país!... ¡Qué hermoso país!...

XXXI

Tras cinco meses de buena vida, Pinocho, con gran asombro, siente que le brota un buen par de orejas de asno y se convierte en un burro, con cola y todo.

POR FIN LLEGÓ el carro; y llegó sin hacer el menor ruido, pues sus ruedas estaban recubiertas de estopa y trapos.

Tiraban de él doce parejas de burros, todos del mismo tamaño aunque de distinto pelaje.

Unos eran grises, otros blancos, otros de un gris jaspeado y otros rayados con grandes listas amarillas y azules.

Pero lo más singular era esto: aquellas doce parejas, o sea los veinticuatro borriquillos, en vez de ir herrados como todos los animales de tiro o de carga, llevaban en los pies unos botines de hombre, de cuero blanco.

¿Y el conductor del carro?...

Imagínense a un hombrecillo más ancho que largo, tierno y untuoso como una bola de mantequilla, con carita de manzana y una boquita siempre sonriente y una voz sutil y acariciadora, como la de un gato que se encomienda al buen corazón del ama de casa.

Todos los chicos, en cuanto lo veían, quedaban encantados y competían entre sí para subir a su carro, para ser llevados por él a aquella verdadera jauja conocida en el mapa con el nombre seductor de País de los Juguetes.

En efecto, el carro estaba ya lleno de niños entre ocho y doce años, apilados unos sobre otros como sardinas en escabeche. Estaban incómodos, apretados, casi no podían respirar, pero ninguno decía «¡ay!», ninguno se lamentaba. El consuelo de saber que dentro de pocas horas llegarían a un país donde no había libros, ni escuelas, ni maestros, los ponía tan alegres y resignados que no sentían las molestias, ni los apretones, ni el hambre, ni la sed, ni el sueño.

En cuanto el carro se detuvo, el hombrecillo se volvió a Mecha y con mil gestos y muecas le preguntó, sonriendo:

—Dime, querido niño, ¿quieres venir tú también a este afortunado país?

—Claro que quiero ir.

—Te advierto, querido, que en el carro ya no queda sitio. ¡Como ves, está lleno!...

—¡Paciencia! —replicó Mecha—, si no hay sitio dentro, me resignaré a sentarme en las varas del carro.

Y, dando un salto, montó a horcajadas en las varas.

—¿Y tú, cariño... —dijo el hombrecillo, volviéndose zalameramente a Pinocho —, qué piensas hacer? ¿Vienes con nosotros, o te quedas?

—Me quedo —respondió Pinocho—. Quiero volver a mi casa, quiero estudiar y lucirme en la escuela, como hacen todos los niños buenos.

—¡Que te aproveche!

-Pinocho —dijo entonces Mecha—, hazme caso; vente con nosotros y lo pasaremos bien.

—¡No, no y no!

—Ven con nosotros y lo pasaremos bien —gritaron, a coro, un centenar de voces desde dentro del carro.

—Y si me voy con ustedes, ¿qué dirá mi buena Hada? —dijo el muñeco, que empezaba a ablandarse y a mudar de opinión.

—No te calientes la cabeza con esos problemas. Piensa que vamos a un país donde seremos muy dueños de armar alboroto de la mañana a la noche.

Pinocho no contestó, pero lanzó un suspiro; luego lanzó otro suspiro, luego un tercer suspiro; por último dijo:

—Háganme un sitio; ¡voy también yo!

—Los asientos están ocupados —replicó el hombrecillo—, pero, para demostrarte lo que te queremos, puedo cederte mi sitio en el pescante... —¿Y usted?

—Yo haré el camino a pie.

—No, de verdad, no puedo permitirlo. ¡Prefiero subir a la grupa de uno de esos burros! —gritó Pinocho.

Dicho y hecho; se acercó al burro derecho de la primera pareja e hizo ademán de montarlo; pero el animal, volviéndose en seco, le dio un gran golpe en el estómago con el hocico y lo tiró patas arriba.

Imagínense las carcajadas impertinentes y estrepitosas de todos los niños que presenciaban la escena.

Pero el hombrecillo no se rió. Se acercó cariñosamente al burro rebelde y, fingiendo darle un beso, le arrancó de un mordisco la mitad de la oreja derecha.

Mientras tanto Pinocho, levantándose furioso del suelo, dio un buen salto y cayó en el lomo del pobre animal. El salto fue tan bonito que los niños, dejando de reír, empezaron a chillar:

«¡Viva Pinocho!», al mismo tiempo que prorrumpían en una interminable salva de aplausos.

En ese momento el burro levantó de improviso las dos patas traseras y, con una violenta cabriola, lanzó al pobre muñeco sobre un montón de grava, en medio de la carretera.

Nuevamente estallan las carcajadas; pero el hombrecillo, en vez de reírse, sintió tanto amor por aquel inquieto asnillo que, de un beso, le arrancó limpiamente la mitad de la otra oreja. Después le dijo al muñeco:

—Vuelve a montar y no tengas miedo. Ese burro tenía algún grillo en la cabeza; pero le he dicho unas palabritas al oído y espero que se volverá manso y razonable.

Pinocho montó y el carro empezó a moverse; pero mientras los burros galopaban y el carro corría sobre los guijarros del camino real, el muñeco creyó oír una voz débil y apenas inteligible, que le dijo:

—¡Pobre mentecato! Has querido hacer las cosas a tu manera, pero ya te arrepentirás.

Pinocho, casi atemorizado, miró a derecha e izquierda para averiguar de dónde salían esas palabras, pero no vio a nadie: los burros galopaban; el carro corría; los niños dormían en el interior del carro; Mecha roncaba como un lirón y el hombrecillo, sentado en el pescante, canturreaba entre dientes:

Todos de noche duermen, yo no duermo jamás…

Al cabo de medio kilómetro, Pinocho oyó la consabida vocecilla débil, que le dijo:

—¡Métetelo en la cabeza, tonto! Los niños que dejan de estudiar y vuelven las espaldas a los libros, a las escuelas y los maestros, para dedicarse por entero a los juegos y diversiones, ¡sólo pueden tener mal fin!… ¡Lo sé por experiencia …, y te lo puedo decir! Día vendrá en que llorarás también tú, como hoy lloro yo... ¡pero entonces será tarde!...

Ante estas palabras, oscuramente bisbiseadas, el muñeco, más asustado que nunca, saltó de la grupa de su cabalgadura y agarró a su burro por el hocico.

¡Imagínense cómo se quedó cuando advirtió que su burro lloraba... y lloraba exactamente igual que un niño!

—¡Eh, señor Hombrecillo! —gritó entonces Pinocho al dueño del carro—. ¿Sabe lo que ocurre? Este burro llora.

—Déjalo llorar; ya tendrá tiempo de reírse.

—¿Acaso le ha enseñado también a hablar?

—No, aprendió por sí solo a farfullar unas palabras, porque durante tres años estuvo con una compañía de perros amaestrados.

—¡Pobre animal!

—Vamos, vamos —dijo el hombrecillo—, no perdamos el tiempo viendo llorar a un burro. Sube a caballo y sigamos; la noche es fresca, y el camino, largo.

Pinocho obedeció sin chistar. El carro reanudó su carrera; y por la mañana, al despuntar el alba, llegaron al País de los Juguetes.

Este país no se parecía a ningún otro país del mundo. Su población estaba compuesta exclusivamente por niños. Los mayores tenían catorce años, los más jóvenes apenas llegaban a los ocho. En las calles había una alegría, un estrépito y un vocerío como para volverse loco. Bandas de chicuelos por todas partes; unos jugaban a los dados, otros al tejo, otros a la pelota, unos montaban en velocípedos y otros en caballitos de madera; unos jugaban a la gallina ciega, otros al escondite; otros, vestidos de payasos, comían estopa encendida; unos recitaban, otros cantaban, otros daban saltos mortales, otros caminaban con las manos en el suelo y las piernas por el aire, unos rodaban el aro, otros paseaban vestidos de generales con un gorro de papel y un sable de cartón; reían, chillaban, llamaban, aplaudían, silbaban, imitaban el cacareo de la gallina cuando pone un huevo... En suma, un verdadero pandemonium, una algarabía, un endiablado alboroto, como para ponerse algodones en los oídos, so pena de quedarse sordos. En todas las plazas se veían teatrillos de lona, atestados de niños de la mañana a la noche, y en todas las paredes de las casas se leían inscripciones al carbón de cosas tan pintorescas como éstas: ¡Vivan los jugetes! (en vez de juguetes), no queremos más hescuelas (en vez de no queremos más escuelas), abajo Larin Métíca (en vez de la aritmética), y otras maravillas por el estilo.

Pinocho, Mecha y todos los otros niños que habían hecho el viaje con el hombrecillo, en cuanto pusieron los pies en la ciudad se adentraron en aquella barahúnda y en pocos minutos, como puede imaginarse, se hicieron amigos de todos. ¿Cabe mayor felicidad?

En medio de tanto jolgorio y tan variada diversión, pasaban como rayos las horas, los días y las semanas.

—¡Ah! ¡Qué hermosa vida! —decía Pinocho cada vez que, por azar, topaba con Mecha.

—¿Ves cómo yo tenía razón? —replicaba este último— ¡Y pensar que no querías venir! ¡Y decir que se te había metido en la cabeza regresar a casa de tu Hada para perder el tiempo estudiando!... Tienes que convenir en que si hoy te ves libre del fastidio de los libros y de las escuelas, me lo debes a mí, a mis consejos, a mis instancias! Sólo los verdaderos amigos saben hacer estos grandes favores.

—Es cierto, Mecha. Si hoy soy un niño verdaderamente contento te lo debo a ti. ¿Sabes lo que decía, en cambio, el maestro, hablando de ti? Me decía siempre: «No te juntes con ese pícaro de Mecha, porque Mecha es un mal compañero y sólo puede aconsejarte mal»...

—¡Pobre maestro! —replicó el otro, meneando la cabeza— . Sé muy bien que la tenía tomada conmigo y que se complacía en calumniarme, ¡pero yo soy generoso y lo perdono!

—¡Alma grande! —dijo Pinocho, abrazando afectuosamente a su amigo y dándole un beso en medio de los ojos.

Hacía ya cinco meses que duraba esta buena vida de jugar y divertirse durante todo el día, sin echarse a la cara ni un libro, ni una escuela, cuando una mañana, Pinocho, al despertarse, recibió una desagradable sorpresa que lo llenó de malhumor.

A Pinocho le salen orejas de burro
y despúes se convierte en un
borriquillo de verdad y empieza a
rebuznar.

¿CUÁL FUE ESTA SORPRESA?

Se lo diré yo, mis queridos y pequeños lectores: la sorpresa fue que a Pinocho, al despertarse, se le ocurrió, naturalmente, rascarse la cabeza; y al rascarse la cabeza advirtió...

¿Adivinan qué es lo que advirtió?

Advirtió con grandísimo asombro que sus orejas habían crecido más de un palmo.

Ustedes saben que el muñeco, desde su nacimiento, tenía unas orejas pequeñísimas; tan pequeñas que ni siquiera se veían a simple vista. Imagínense, pues, cómo se quedó cuando advirtió que sus orejas se habían alargado tanto durante la noche que parecían dos cepillos.

Inmediatamente fue a buscar un espejo, para poder verse; pero al no encontrar un espejo, llenó de agua la palangana del lavabo y, mirándose en su interior, vio lo que nunca había querido ver: es decir, vio su imagen embellecida por un magnífico par de orejas de asno.

¡Los dejo imaginarse el dolor, la vergüenza y la desesperación del pobre Pinocho!

Empezó a llorar, a chillar, a golpearse la cabeza contra las paredes; pero cuanto más se desesperaba, más crecían sus orejas, crecían y se volvían peludas en la punta.

Ante el ruido de aquellos gritos agudísimos entró en la habitación una hermosa Marmotilla que vivía en el piso superior; al ver al muñeco con semejante desvarío, le preguntó presurosa:

—¿Qué tienes, querido convecino?

—Estoy enfermo, Marmotilla mía, muy enfermo... ¡y enfermo con una enfermedad que me da miedo! ¿Entiendes algo de pulsos?

—Un poquito.

—Mira a ver si por causalidad tuviera fiebre.

La Marmotilla alzó la pata derecha y tras haber tomado el pulso a Pinocho, le dijo suspirando:

—Amigo mío, lamento tener que darte una mala noticia... —¿Qué es?

—Tienes una mala fiebre... —¿Qué fiebre esa?

—Es la fiebre del asno.

—¡No entiendo de esas fiebres! —respondió el muñeco, que desgraciadamente había comprendido.

—Entonces te la explicaré yo —agregó la Marmotilla—. Has de saber que dentro de dos o tres horas ya no serás un muñeco, ni un niño... —¿Y qué seré?

—Dentro de dos o tres horas te convertirás en un verdadero borriquillo, como ésos que tiran del carrito y llevan las coles y las lechugas al mercado.

—¡Oh! ¡Pobre de mí! ¡Pobre de mí! —gritó Pinocho, agarrándose con las manos ambas orejas y tirando y estirándolas rabiosamente, como si fueran las orejas de otro.

—Querido mío —replicó la Marmotilla, para consolarlo—, ¿qué le vas a hacer? Es tu destino. Está escrito en los decretos de la sabiduría que todos los niños haraganes que, aburridos de los libros, las escuelas y los maestros, pasan sus días entre juegos y diversiones, tarde o temprano acaban transfomándose en pequeños asnos.

—Pero, ¿de verdad ocurre eso? —preguntó sollozando el muñeco.

—¡Por desgracia es así! Y hora es inútil llorar. ¡Tenías que pensarlo antes! —Pero la culpa no es mía; la culpa, créeme, Marmotilla, es de Mecha... —¿Y quién es ese Mecha?

—Un compañero de la escuela. Yo quería volver a casa, yo quería ser obediente, yo quería continuar estudiando y sacando buenas notas... pero Mecha me dijo: «¿Por qué quieres aburrirte estudiando? ¿Por qué quieres ir a la escuela? Vente conmigo al País de los Jueguetes; allí no estudiaremos más, allí nos divertiremos de la mañana a la noche y estaremos siempre alegres».

—¿Y por qué seguiste el consejo de ese falso amigo, de ese mal compañero?

—Porque... Porque, Marmotilla mía, soy un muñeco sin juicio... y sin corazón. ¡Oh!, si hubiese tenido una pizca de corazón no habría abandonado a la buena Hada, que me quería como una madre y había hecho tanto por mí... Y a estas horas ya no sería un muñeco... sino un chico cuerdo, como hay tantos... ¡Oh!.... pero si encuentro a ese Mecha, ¡ay de él! Se las voy a decir de todos los colores...

E hizo ademán de salir. Pero cuando estuvo en la puerta se acordó de que tenía orejas de burro y, avergonzado de enseñarlas en público, ¿qué es lo que inventó? Cogió un gran gorro de algodón y, metiéndoselo en la cabeza, se lo encasquetó hasta la punta de la nariz.

Después salió y se dedicó a buscar a Mecha por todas partes.

Lo buscó en las calles, en las plazas, en los teatrillos, en todos los lugares; pero no lo encontró. Preguntó por él a todos quienes se encontró en la calle, pero nadie lo había visto.

Entonces, fue a buscarlo a su casa; llegado ante la puerta, llamó.

—¿Quién es? -preguntó Mecha desde dentro.

—¡Soy yo! -contestó el muñeco.

—Espera un poco y te abriré.

Media hora después se abrió la puerta; imagínense cómo se quedó Pinocho cuando, al entrar en el cuarto, vio a su amigo Mecha con un gran gorro de algodón en la cabeza que le llegaba hasta la nariz.

A la vista de aquel gorro Pinocho casi se sintió consolado y pensó para sí: «¿Estará mi amigo enfermo con mi misma enfermedad? ¿Habrá cogido también él la fiebre del asno?»

Fingiendo no haber advertido nada, le preguntó sonriendo:

—¿Cómo estás, querido Mecha?

—Perfectamente; como un ratón en un queso parmesano.

—¿Lo dices en serio?

—¿Por qué iba a decirte una mentira?

—Perdóname, amigo; entonces, ¿por qué llevas en la cabeza ese gorro de algodón que te tapa las orejas?

—Me lo ha recomendado el médico, porque me hice daño en esta rodilla. Y tú, querido muñeco, ¿por qué llevas ese gorro de algodón encasquetado hasta la nariz?

—Me lo ha recomendado el médico, porque me he despellejado un pie.

—¡Oh! ¡Pobre Pinocho!

—¡Oh! ¡Pobre Mecha!

Tras estas palabras se produjo un larguísimo silencio, durante el cual los dos amigos no hicieron otra cosa que mirarse uno al otro en son de chunga.

Por último el muñeco, con una voz meliflua y aflautada, le dijo a su camarada:

—Sácame de una duda, mi querido Mecha: ¿has tenido alguna enfermedad en las orejas?

—¡Nunca!... ¿Y tú?

—¡Nunca! Pero desde esta mañana tengo una oreja que me hace sufrir mucho.

—Lo mismo me pasa a mí.

—¿A ti también?... ¿Y qué oreja te duele?

—Las dos. ¿Y a ti?

—Las dos. ¿Será la misma enfermedad?

—Me temo que sí.

—¿Quieres hacerme un favor, Mecha?

—¡Encantado! De todo corazón.

—¿Me dejas ver tus orejas?

—¿Por qué no? Pero antes quiero ver las tuyas, querido Pinocho.

—No; tú debes ser el primero.

—¡Qué listo! Primero tú y después yo.

—Bueno —dijo entonces el muñeco—, hagamos un pacto de buena amistad. —Oigamos el pacto.

—Quitémonos los dos el gorro al mismo tiempo. ¿Aceptas?

—Acepto.

—¡Preparados, pues!

Y Pinocho empezó a contar en voz alta:

—¡Uno! ¡Dos! ¡Tres!

Al oír la palabra «tres», los dos niños cogieron los gorros y los tiraron al aire.

Y entonces aconteció una escena que parecería increíble, de no haber sido cierta. Aconteció que Pinocho y Mecha, cuando se vieron aquejados ambos por la misma desgracia, en lugar de sentirse mortificados y doloridos, empezaron a agitar sus orejas desmesuradamente grandes y, tras hacer mil muecas, acabaron con una sonora risotada.

Y rieron, rieron, rieron hasta más no poder, pero, en lo mejor de las risas, Mecha se detuvo de pronto y, tambaleándose y mudando de color, le dijo a su amigo: —¡Socorro, Pinocho, socorro!

—¿Qué te pasa?

—¡Ay de mí! No consigo mantenerme derecho sobre las piernas.

—Ni tampoco yo lo consigo —gritó Pinocho, llorando y tambaleándose.

Y mientras decían así se doblaron a cuatro patas y, caminando con las manos y los pies, empezaron a girar y a correr por la habitación. Y mientras corrían, sus brazos, se convirtieron en patas, sus caras se alargaron y se convirtieron en hocicos y sus espaldas se cubrieron con un pelaje gris claro, salpicado de negro.

Pero, ¿saben cuál fue el peor momento para aquellos dos desventurados? El peor momento, y el más humillante, fue cuando sintieron que detrás empezaba a brotarles la cola.

Abrumados entonces por la vergüenza y el dolor, trataron de llorar y lamentarse de su destino. ¡Nunca lo hubieran hecho! En vez de gemidos y lamentos, salieron rebuznos de asno; y, rebuznando sonoramente, hacían los dos a coro:

—¡I-a, i-a, i-a!

Entonces llamaron a la puerta y una voz dijo, desde fuera:

—¡Abran! Soy el hombrecillo, soy el conductor del carro que los trajo a este país.

Abran inmediatamente, o ¡ay de ustedes!

XXXIII

Convertido en un burro de verdad y puesto a la venta, lo compra el director de una compañía de payasos, para enseñarles a bailar y a saltar los aros; pero una noche se queda cojo y entonces lo compra otro, para hacer un tambor con su piel.

VIENDO QUE LA puerta no se abría, el hombrecillo le dio una violentísima patada; tan pronto como entró en la habitación, dijo a Pinocho y a Mecha, con su risita de siempre:

—¡Buenos chicos! Han rebuznado tan bien que los he reconocido en seguida por la voz, y aquí estoy.

Ante tales palabras, los dos borriquillos se quedaron muy mohínos, con la cabeza gacha, las orejas bajas y el rabo entre las patas.

Antes de todo, el hombrecillo los alisó, los acarició, los palpó; después, sacando un peine, empezó a peinarlos muy bien.

Cuando, a fuerza de peinarlos, los dejó brillantes como espejos, les puso el cabezal y los llevó a la plaza del mercado, con la esperanza de venderlos y de embolsarse una buena ganancia.

En efecto, los compradores no se hicieron esperar.

A Mecha lo compró un campesino a quien se le había muerto el asno el día anterior, y Pinocho fue vendido al director de una compañía de payasos y saltimbanquis, el cual lo compró para amaestrarlo y hacerlo luego saltar y bailar con los demás animales de la compañía.

¿Han comprendido ya, mis pequeños lectores, cuál es el oficio de aquel hombrecillo? Ese horrible monstruo, cuyo aspecto era todo mieles, iba de vez en cuando con un carro a correr mundo; por el camino recogía con promesas y zalamerías a todos los niños perezosos que se aburrían con los libros y la escuela; y tras haberlos cargado en su carro, los llevaba al País de los Juguetes para que pasaran todo el tiempo entre juegos, algazara y diversiones. Después, cuando aquellos pobres ilusos, a fuerza de jugar siempre y de no estudiar nunca, se convertían en burros, entonces, muy alegre y contento, se apoderaba de ellos y los llevaba a vender en ferias y mercados. Y, así, en pocos años había hecho mucho dinero y se había convertido en millonario. Lo que ocurrió con Mecha no lo sé; lo que sí sé es que Pinocho llevó, desde los primeros días, una vida durísima y lamentable.

Cuando lo condujeron al establo, el nuevo amo le llenó el pesebre de paja; pero Pinocho, tras haber probado un bocado, la escupió.

Entonces el amo, gruñendo, le llenó el pesebre de heno; pero tampoco le gustó el heno.

—¡Ah! ¿No te gusta tampoco el heno? —gritó el amo, enfadado—. ¡Espera un poco, borriquillo, que si tienes caprichos ya me ocuparé de quitártelos!... Y, a título de corrección, le propinó un latigazo en las patas.

Pinocho empezó a llorar y a rebuznar de dolor y, rebuznando, dijo:

—¡I-a, i-a, no puedo digerir la paja!...

—¡Pues cómete el heno! —replicó el amo, que entendía perfectamente el dialecto asnal.

—¡I-a, i-a, el heno me da dolor de tripas!...

—¿Es que pretendes que a un asno como tú lo mantenga a base de pechugas de pollo y gelatina de capón? —añadió el amo, enfadándose cada vez más y propinándole un segundo latigazo.

Ante este segundo latigazo, Pinocho, por prudencia, se calló de inmediato y no dijo nada más.

Después cerraron el establo y Pinocho se quedó solo; y como hacía muchas horas que no había comido, empezó a bostezar de apetito. Y, al bostezar, abría una boca que parecía un horno.

Por último, al no encontrar nada más en el pesebre, se resignó a masticar un poco de heno; y tras haberlo masticado bien, cerró los ojos y se lo tragó.

—Este heno no es tan malo —se dijo para sí—, ¡pero hubiera sido mejor continuar estudiando!... A estas horas, en vez de heno podría comer un pedazo de pan tierno y una buena ración de salchichón... ¡Paciencia!...

A la mañana siguiente, al despertarse, buscó enseguida en el pesebre otro poco de heno; pero no lo encontró, pues se lo había comido todo por la noche.

Entonces cogió un bocado de paja triturada; pero mientras la masticaba advirtió que el sabor de la paja triturada no se parecía nada al arroz a la milanesa ni a los macarrones a la napolitana

—¡Paciencia! —repitió, mientras seguía masticando—. ¡Al menos, que mi desgracia pueda servir de lección a todos los niños desobedientes que no tienen ganas de estudiar!... ¡Paciencia!... ¡Paciencia!

—¡Paciencia, un cuerno! —chilló el amo, entrando en ese momento en el establo —. ¿Acaso, crees, borriquillo, que te he comprado únicamente para darte de beber y comer? Te he comprado para que trabajes y me des a ganar muchos centavos.

¡De modo que arriba, vamos! Ven conmigo al circo y allí te enseñaré a saltar los aros, a romper con la cabeza los toneles de papel y a bailar el vals y la polca sobre las patas de atrás.

El pobre Pinocho, de grado o por fuerza, tuvo que aprender todas esas cosas; pero, para aprenderlas, necesitó tres meses de lecciones y muchos latigazos.

Por fin llegó el día en que su amo pudo anunciar un espectáculo realmente extraordinario. Los cartelones de diversos colores, pegados en las esquinas de las calles, decían así:

GRAN ESPECTÁCULO DE GALA

Esta noche tendrán lugar los habituales saltos y ejercicios sorprendentes
Realizados por los artistas y todos los caballos de ambos sexos de la Compañía, y además

Será presentado por primera vez el famoso.
BURRO PINOCHO

Llamado
«La Estrella de la Danza»

El teatro estará espléndidamente iluminado

Aquella noche, como pueden figurarse, el teatro estaba lleno hasta los topes antes de que comenzase el espectáculo.

No se encontraba ni una butaca, ni un asiento preferente, ni un palco, aunque se pagase a peso de oro.

Las gradas del circo hormigueaban de niños, de niñas y de muchachos de todas las edades, enfebrecidos por el deseo de ver bailar al famoso burro Pinocho.

Acabada la primera parte del espectáculo, el director de la Compañía, de levita negra, calzones blancos y botas de piel hasta las rodillas, se presentó al numerosísimo público y, haciendo una gran reverencia, recitó con gran solemnidad el siguiente disparatado discurso:

«¡Respetable público, caballeros y damas!

»Estando de paso el humilde que esto suscribe por esta ilustre metropolitana, he querido procrearme el honor además del placer de presentar a este inteligente y conspicuo auditorio un célebre borriquillo, que ya tuvo el honor de bailar en presencia de Su Majestad el Emperador de todas las Cortes principales de Europa.

»Y dándoos las gracias, ayudadnos con vuestra animadora presencia y excusadnos».

Este discurso fue acogido con muchas carcajadas y muchos aplausos; pero los aplausos se redoblaron y se convirtieron en una especie de huracán al aparecer el burro Pinocho en el centro del circo. Estaba engalanado de fiesta. Tenía una brida nueva de piel brillante, con hebillas y tachuelas de latón, dos camelias blancas en las orejas, las crines divididas en muchos rizos atados con lazos de seda roja, una gran faja de oro y plata le atravesaba el pecho, y su cola estaba trenzada con galones de terciopelo amaranto y celeste. ¡En suma, era un borriquillo adorable!

El director, al presentarlo al público, agregó estas palabras:

«¡Mis respetables auditores! No les voy a contar mentiras sobre las grandes dificultades superadas por mí para comprender y subyugar a este mamífero, mientras pacía libremente de montaña en montaña en las llanuras de la zona tórrida.

»Observen cuánto salvajismo exuda de sus ojos, o sea es decir, que habiéndose revelado vanidosos todos los medios para domesticarlo a la vida de los cuadrúpedos civiles, he debido recurrir más de una vez al afable dialecto del látigo. Pero cada amabilidad mía, en vez de hacerme querer por él, le ha maleado más el alma. Pero yo, siguiendo el sistema de Gales, encontré en su cráneo un pequeño cartago óseo que la propia Facultad Médica de París reconoce que es el bulbo regenerador de los cabellos y de la danza pírrica. Y por eso lo quise amaestrar en el baile, además de en los relativos saltos de aro y de los toneles forrados de papel. ¡Admírenlo y después júzguenlo! Pero antes de despedirme de ustedes, permitan, señores, que los invite al diurno espectáculo de mañana por la noche; y en la apoteosis de que el tiempo lluvioso amenazase lluvia, entonces el espectáculo, en vez de mañana por la noche, será anticipado a mañana por la mañana, a las once horas antemeridianas del mediodía».

Y aquí el director hizo otra profundísima reverencia, y después, volviéndose a Pinocho, le dijo:

—¡Ánimo, Pinocho! ¡Antes de dar principio a tus ejercicios, saluda al respetable público, caballeros, damas y niños!

Pinocho, obediente, dobló las rodillas delanteras hasta el suelo y permaneció arrodillado hasta que el director, restallando el látigo, le gritó:

—¡Al paso!

Entonces el burro se alzó sobre las cuatro patas y empezó a dar vueltas al circo, caminando siempre al paso.

Poco después, el director gritó:

—¡Al trote!

Y Pinocho, obediente a la orden, cambió su paso por un trote.

—¡Al galope!

Y Pinocho empezó a galopar.

—¡A la carrera!

Y Pinocho empezó una veloz carrera. Mientras corría como un loco, el director, alzando el brazo, descargó un disparo al aire.

Al oír el disparo, el burro, fingiéndose herido, cayó tendido en el circo, como si de verdad estuviera moribundo.

Cuando se levantó del suelo, en medio de una salva de aplausos y de chillidos que llegaban al cielo, se le ocurrió alzar la cabeza y mirar hacia arriba... y, al mirar, vio en un palco a una hermosa dama que llevaba en el cuello un gran collar de oro, del que pendía un medallón. En el medallón estaba pintado el retrato de un muñeco. «¡Ese es mi retrato!... ¡Esa dama es el Hada!», pensó Pinocho, reconociéndola en seguida; y, dejándose llevar por su alegría, trató de gritar:

—¡Oh, Hadita mía! ¡Oh, Hadita mía! Pero, en vez de estas palabras, le salió de la garganta un rebuzno tan sonoro y prolongado que hizo reír a todos los espectadores, y en especial a todos los niños que estaban en el teatro.

Entonces el director, para enseñarle y darle a entender que no es de buena crianza ponerse a rebuznar ante el público, le dio, con el mango del látigo, un golpetazo en la nariz. El pobre burro, sacando un palmo de lengua, se entretuvo lamiéndose la nariz sus buenos cinco minutos, creyendo quizá aliviar así el dolor que sentía. ¡Pero cuál fue su desesperación cuando, al volverse por segunda vez hacia arriba, vio que el palco estaba vacío y que el Hada había desaparecido!

Se sintió morir; los ojos se le llenaron de lágrimas y empezó a llorar desesperadamente. Pero nadie lo advirtió y mucho menos el director, que, restallando el látigo, gritó:

—¡Adelante, Pinocho! Haz ver ahora a estos señores con qué gracia sabes saltar los aros.

Pinocho lo intentó dos o tres veces; pero siempre que llegaba delante del aro, en vez de atravesarlo, pasaba cómodamente por debajo. Por último dio un salto y lo atravesó; pero las patas traseras se le quedaron malamente retenidas en el aire y cayó al suelo por el otro lado, como un fardo.

Cuando se levantó, estaba cojo, y a duras penas pudo regresar a la cuadra.

—¡Que salga Pinocho! ¡Queremos el burrito! ¡Que salga el burrito! gritaban los niños del patio de butacas, apiadados y conmovidos por el tristísimo suceso.

Pero el burrito no se dejó ver más aquella noche.

A la mañana siguiente, el veterinario, o sea el médico de los animales, lo visitó y declaró que se quedaría rengo para toda su vida.

Entonces el director le dijo a su mozo de cuadra:

—¿Qué quieres que haga con un burro cojo? Se comería gratis mi pan. Llévatelo a la plaza y revéndelo.

Llegados a la plaza, encontraron en seguida un comprador, que preguntó al mozo de cuadra:

—¿Cuánto quieres por este burro cojo?

—Veinte liras.

—Te doy veinte centavos. No creas que lo compro para utilizarlo; lo compro únicamente por su piel. Veo que tiene la piel muy dura y pienso hacer con su piel un tambor para la banda de música de mi pueblo.

¡Los dejo imaginar, muchachos, el «placer» del pobre Pinocho cuando oyó que estaba destinado a convertirse en tambor!

El caso es que el comprador, en cuanto pagó los veinte centavos, llevó al burro a una roca que estaba a orillas del mar; le puso una piedra al cuello, lo ató por una pierna a una cuerda que sujetaba en la mano, le dio repentinamente un empujón y lo arrojó al agua.

Pinocho, con aquel peso en el cuello, se fue muy pronto al fondo; y el comprador, con su cuerda bien agarrada en la mano, se sentó en la roca, esperando que el burro muriese ahogado para después quitarle la piel.

XXXIV

Pinocho, arrojado al mar, es comido por los peces y vuelve a ser muñeco, como antes; pero mientras nada para salvarse es engullido por el terrible Tiburón.

PASADOS CINCUENTA minutos desde que el burro estaba bajo el agua, el comprador se dijo, hablando consigo mismo:

—A estas horas mi pobre burro cojo estará completamente ahogado. Retirémoslo, pues, y hagamos con su piel ese tambor.

Y empezó a tirar de la cuerda con la que le había atado una pata; tira que te tirarás, por fin vio aparecer a flor de agua... ¿adivinan? En vez de un burro muerto, vio aparecer a flor de agua a un muñeco vivo que se retorcía como una anguila.

Viendo aquel muñeco de madera, el pobre hombre creyó soñar y se quedó atontado, con la boca abierta y los ojos fuera de las órbitas.

Cuando se recuperó un poco del primer asombro, dijo, llorando y balbuceando:

—¿Y dónde está el burro que tiré al mar?

—¡Aquel burro soy yo! —contestó el muñeco, riendo.

—¿Tú?

—Yo.

—¡Ah! ¡Tunante! ¿Es que pretendes burlarte de mí?

—¿Burlarme de usted? Nada de eso, querido amo; le hablo en serio.

—¿Cómo es posible que tú, que hace poco eras un burro, ahora, estando en el agua, te hayas convertido en un muñeco de madera?...

—Será efecto del agua de mar. El mar gasta esas bromas.

—¡Cuidado, muñeco, cuidado!... No creas que te vas a divertir a mi costa. ¡Ay de ti, como pierda la paciencia!

—Bueno, amo, ¿quiere saber toda la verdad de la historia?

Suélteme esa pierna y se la contaré.

Aquel chapucero del comprador, intrigado por conocer la verdadera historia, soltó en seguida el nudo de la cuerda que lo ataba; y entonces Pinocho, encontrándose libre como un pájaro en el aire, empezó a hablar así:

—Ha de saber que yo era un muñeco de madera como ahora soy, aunque me encontraba en un tris de convertirme en un niño como uno de tantos que hay en este mundo; pero por mis pocas ganas de estudiar y por hacer caso a las malas compañías, me escapé de casa... y un buen día, al despertar, me encontré convertido en un asno con mi buenas orejas... ¡y mi buena cola!... ¡Qué vergüenza para mí!... Una vergüenza, querido amo, que ruego a San Antonio bendito que no se la haga experimentar a usted... Puesto a la venta en el mercado de los burros, me compró el director de una compañía cirquense, a quien se le metió en la cabeza hacer de mí un gran bailarín y un gran saltador de aros; pero una noche, durante el espectáculo, tuve una mala caída en el teatro y me quedé cojo de las dos patas. Entonces el director, que no sabía qué hacer con un asno cojo, me mandó revender... ¡y usted me ha comprado!

—¡Claro! Y he pagado por ti veinte centavos. ¿Quién me devuelve ahora mis pobres veinte centavos?

—¿Y para qué me ha comprado? Me compró para hacer con mí piel un tambor... ¡un tambor!

—¡Claro! ¿Y dónde encuentro ahora otra piel?...

—No se desespere, amo. ¿Hay tantos burros en este mundo!

—Dime, pilluelo impertinente, ¿tu historia acaba ahí?

—No —contestó el muñeco—, dos palabras más, y ya termino. Tras haberme comprado, me trajo usted a este sitio para matarme; pero después, cediendo a un compasivo sentimiento humanitario, prefirió atarme una piedra al cuello y arrojarme al fondo del mar. Este sentimiento de delicadeza le honra muchísimo, y se lo agradeceré siempre. Pero, querido amo, usted hizo sus cálculos sin contar con el Hada...

—¿Quién es esa Hada?

—Es mi mamá, que se parece a todas las buenas mamás, que quieren mucho a sus hijos y nunca los pierden de vista, y los ayudan amorosamente en todas sus desgracias, incluso aunque los niños, por sus barrabasadas y su mal comportamiento, merecieran que los abandonasen y los dejaran valerse por sí mismos. Decía, pues, que la buena Hada, en cuanto me vio en peligro de ahogarme, envió a mi lado un enorme banco de peces, los cuales, creyendo que era un verdadero burro muerto, empezaron a comerme. ¡Y qué bocados daban! ¡Nunca hubiera creído que los peces fueran más glotones que los niños! Uno me comió las orejas, otro el hocico, otros el cuello y las crines, uno la piel de las patas, otro la del lomo... y entre ellos hubo un pecesito tan amable que se dignó incluso comerme la cola.

—De hoy en adelante —aseguró el comprador, horrorizado— ¡juro no volver a probar la carne de pez! No me gustaría nada abrir un salmonete o una merluza frita y encontrarle en el cuerpo un rabo de burro.

—Lo mismo opino —replicó el muñeco, riendo—. Por lo demás, ha de saber que cuando los peces acabaron de comerme toda aquella corteza asnal que me cubría de pies a cabeza, llegaron, como es natural, al hueso... o, mejor dicho, llegaron a la madera, pues, como ve, estoy hecho de una madera durísima. Y tras dar los primeros mordiscos, aquellos peces glotones advirtieron de inmediato que la madera no era bocado para sus dientes y, asqueados por aquel alimento indigesto, se fueron cada uno por su lado, sin volverse siquiera a darme las gracias... Y ya está contado cómo usted, al tirar de la cuerda, encontró un muñeco vivo en lugar de un borrico muerto.

—¡Me río yo de tu historia! —gritó el comprador, enfurecido—. Sólo sé que gasté veinte centavos para comprarte y quiero que me devuelvan mi dinero. ¿Sabes lo que haré? Te llevaré otra vez al mercado y te revenderé al peso, como madera seca para encender el fuego de la chimenea.

—Revéndame, pues; por mí, encantado —dijo Pinocho. Pero mientras decía esto dio un buen salto y cayó en medio del agua. Nadando alegremente y alejándose de la playa, le gritaba al pobre comprador:

—Adiós, amo; si necesita una piel para hacer un tambor, acuérdese de mí.

Y después se reía y seguía nadando; y al poco rato, volviéndose hacia atrás, chillaba más fuerte:

—Adiós, amo; si necesita un poco de madera seca para encender la chimenea, acuérdese de mí.

El caso es que en un abrir y cerrar de ojos se alejó tanto que casi no se le veía; es decir, se veía solamente un puntito negro en la superficie del mar, que de vez en cuando alzaba las piernas y hacía cabriolas y saltos fuera del agua, como un delfín juguetón.

Mientras Pinocho nadaba a la ventura, vio en medio del mar una roca que parecía de mármol blanco; en la cima de la roca, una bonita cabra balaba cariñosamente y le hacía señas de que se acercase.

Lo más singular era esto: el pelo de la cabrita, en vez de ser blanco, o negro, o moteado de dos colores, era azul, pero de un color azul fulgurante que recordaba muchísimo al de los cabellos de la hermosa niña.

¡Los dejo imaginar cómo se puso a latir el corazón del pobre Pinocho! Redoblando sus fuerzas y energías, empezó a nadar hacia la roca blanca; y ya estaba a medio camino cuando salió del agua y fue a su encuentro una horrible cabeza de monstruo marino, con la boca muy abierta, como un abismo, y tres hileras de colmillos que hubieran dado miedo sólo con verlos pintados.

¿Saben quién era aquel monstruo marino?

Aquel monstruo marino era ni más ni menos que el gigantesco Tiburón, del que ya se ha hablado varias veces en esta historia, y que por sus estragos y su insaciable voracidad recibía el sobrenombre de «El Atila de Peces y Pescadores».

Imagínense el espanto del pobre Pinocho a la vista del monstruo. Intentó esquivarlo, cambiar de camino; trató de huir; pero aquella inmensa boca abierta seguía yendo a su encuentro con la velocidad de una flecha.

—¡Date prisa, Pinocho, por caridad! —gritaba, balando, la hermosa cabrita.

Y Pinocho nadaba desesperadamente, con los brazos, con el pecho, con las piernas y con los pies.

—¡Corre, Pinocho, que el monstruo se acerca!...

Y Pinocho, haciendo acopio de fuerzas, redoblaba su carrera.

—¡Cuidado, Pinocho!... ¡El monstruo te alcanza!... ¡Ahí está!... ¡Ahí está!...

¡Por favor, date prisa o estas perdido!...

Y Pinocho nadaba más aprisa que nunca, adelante, adelante, adelante, como si fuera una bala de fusil. ¡Y ya estaba cerca de la roca, y ya la cabrita, inclinándose sobre el mar, le tendía su patita delantera para ayudarlo a salir del agua!...

¡Pero era tarde! El monstruo lo había alcanzado; el monstruo, absorbiendo el agua, se bebió al pobre muñeco como si bebiera un huevo de gallina; y lo tragó con tanta violencia y avidez que Pinocho, al caer en el cuerpo del Tiburón, se dio un golpe tan descomunal que se quedó aturdido un cuarto de hora.

Cuando volvió en sí de su aturdimiento, ni siquiera podía acordarse de en qué mundo estaba. A su alrededor había, por todas partes, una gran oscuridad; una oscuridad tan negra y pro- funda que le parecía como si hubiese entrado de, cabeza en un calamar lleno de tinta. Estuvo a la escucha y no oyó ningún ruido; sólo de vez en cuando, sentía que una bocanada de viento le golpeaba en la cara.

Al Principio no sabía de dónde salía ese viento, pero después comprendió que salía de los pulmones del monstruo. Porque hay que saber que el Tiburón padecía muchísimo de asma, y cuando respiraba parecía como si soplara la tramontana.

Pinocho, de momento, se las ingenió para darse un poco de valor; pero cuando hubo probado y comprobado que se encontraba encerrado en el cuerpo del monstruo, empezó a llorar y a chillar, y decía, llorando:

—¡Socorro! ¡Socorro! ¡Oh, pobre de mí! ¿No hay nadie que venga a salvarme?

—¿Quién quieres que te salve, infeliz? -dijo en la oscuridad una vocecita cascada, como de guitarra desafinada.

—¿Quién habla así? -preguntó Pinocho, sintiéndose helado de espanto.

—¡Soy yo! Soy un pobre Atún, engullido por el Tiburón al mismo tiempo que tú.
Y tú, ¿qué pez eres?

—No tengo nada que ver con los peces. Soy un muñeco.

—Entonces, si no eres un pez, ¿Por qué te has dejado engullir por el monstruo?

—¡No soy yo quien se dejó engullir; él fue quien me engulló!
Y, ahora, ¿qué podemos hacer aquí, en esta oscuridad?…

—Resignarnos y esperar a que el Tiburón nos haya digerido a ambos… —¡Pero yo no quiero ser digerido!
—gritó Pinocho, volviendo a llorar.

—Tampoco yo quisiera ser digerido —agregó el Atún—, pero soy un poco filósofo y me consuelo pensando que, cuando uno nace Atún, es más digno morir en el agua que en el aceite...

—¡Tonterías! —gritó Pinocho.

—Es sólo una opinión —dijo el Atún—, ¡y tu opiniones, como dicen los atunes políticos, han de ser respetadas!

—En resumidas cuentas..., yo quiero irme de aquí... quiero huir...

—¡Huye, si puedes!...

—¿Es muy grande este Tiburón que nos ha tragado? —preguntó el muñeco.

—Figúrate que su cuerpo tiene más de un kilómetro de largo, sin contar la cola.

Mientras tenían esta conversación a oscuras, Pinocho creyó ver muy a lo lejos una especie de claridad.

—¿Qué será esa lucecita allá, a lo lejos? —dijo Pinocho.

—¡Será algún compañero de fatigas, que espera, como nosotros, el momento de ser digerido!...

—Voy a su encuentro. ¿No podía ser un viejo Pez, capaz de enseñarme el modo de huir?

—Te lo deseo de todo corazón, querido muñeco.

—Adiós, Atún,

—Adiós, muñeco. Y buena suerte.

—¿Dónde nos volveremos a ver?...

—Quién sabe... ¡Mejor no pensarlo!

XXXV

Pinocho encuentra dentro del Tiburón... ¿a quién encuentra? Lean este capítulo y lo sabrán.

PINOCHO EN CUANTO hubo dicho adiós a su buen amigo el Atún, se movió tambaleándose en la oscuridad y empezó a caminar a tientas por el cuerpo del Tiburón, dirigiéndose pasito a pasito hacia aquella pequeña claridad que barruntaba allá a lo lejos.

Mientras andaba sintió que sus pies chapoteaban en un charco de agua grasienta y resbaladiza, y aquella agua tenía un olor tan intenso a pescado frito que le pareció estar en plena cuaresma.

Cuanto más avanzaba, más reluciente y perceptible se hacía la claridad; hasta que, anda que te andarás, por fin llegó; y cuando llegó... ¿qué encontró? No lo adivinarían ni intentándolo mil veces: encontró una mesita aparejada, con una vela encendida, metida en una botella de cristal verde, y, sentado a la mesa, un viejecito muy blanco, como si fuera de nieve o de crema batida, el cual estaba allí masticado unos pececitos vivos, pero tan vi- vos que a veces mientras se los comía se le escapaban de la boca.

A su vista, el pobre Pinocho tuvo una alegría tan grande y tan inesperada que poco le faltó para delirar. Quería reír quería llorar, quería decir un montón de cosas; y, en cambio, mascullaba confusamente y balbuceaba palabras y frases sin sentido. Por último consiguió lanzar un grito de gozo y abriendo mucho los brazos y arrojándose al cuello del viejecito, empezó a gritar:

—¡Oh! ¡papaíto! ¡Por fin lo encuentro! ¡No lo dejaré nunca más, nunca, nunca más!

—¿Mis ojos no me engañan? —replicó el viejecito, restregándose los ojos—. ¿De verdad eres mi querido Pinocho?

—¡Sí, sí, soy yo, el mismo! Y usted me ha perdonado ya, ¿no es cierto? ¡Oh, papaíto, qué bueno es!... Y pensar que yo, en cambio... ¡Oh, si supiera cuántas desgracias han llovido sobre mi cabeza y cuántas cosas me han salido mal!

Figúrese que el día que usted, pobre papaíto, vendiendo la casaca me compró el silabario para ir a la escuela, me escapé a ver los títeres, y el titiritero me quería echar al fuego para que le cociera el cordero asado, y fue luego él quien me dio cinco monedas de oro para que se las llevaran usted, pero yo encontré a la Zorra y al Gato, que me condujeron a la Posada del Camarón Rojo donde comieron como lobos, y al marcharme solo de noche encontré a los asesinos que empezaron a correr tras de mí, y yo delante, y ellos siempre detrás, y yo delante, y ellos siempre detrás, y yo delante, hasta que me ahorcaron de una rama de la Gran Encina, de donde la hermosa niña de los cabellos azules me mandó recoger con una carroza, y los médicos, cuando me visitaron, dijeron en seguida: «Si no está muerto, es señal de que está vivo», y entonces se me escapó una mentira y la nariz empezó a crecerme y no pasaba por la puerta del cuarto, motivo por el cual fui con la Zorra y el Gato a enterrar las cuatro monedas de oro, pues una la había gastado en la posada, y el Papagayo se echó a reír, y viceversa, de dos mil monedas no encontré nada, la cual el juez, cuando supo que me habían robado, me hizo meter en seguida en la cárcel, para dar una satisfacción a los ladrones, de donde, al salir, vi un hermoso racimo de uvas en un campo, que me quedé preso en el cepo y el campesino por las buenas o por las malas me puso el collar de perro para que guardase el gallinero, que reconoció mi inocencia y me dejó ir, y la serpiente, con la cola que humeaba, empezó a reír y se le reventó una vena del pecho, y así volví a casa de la hermosa niña, que había muerto, y el Palomo, viendo que lloraba, me dijo: «He visto a tu padre que se fabricaba un barquichuelo para ir a buscarte», y yo le dije: «¡Oh, si tuviera alas yo también!», y él me dijo: «¿Quieres ir con tu padre?», y yo le dije: «¡Ojalá! Pero ¿quién me lleva?», y él me dijo: «Te llevo yo», y yo le dije: «¿Cómo?», y él me dijo: «Móntate en mi grupa», y así volamos toda la noche, y después, por la mañana, todos los pescadores que miraban hacia el mar me dijeron: «Hay un pobre hombre en un barquichuelo a punto de ahogarse», y yo de lejos lo reconocí en seguida, porque me lo decía el corazón, y le hice señas de que volviera a la playa...

—También te reconocí yo —dijo Geppetto—, y habría vuelto a la playa de buena gana; pero ¿cómo? El mar estaba picado y una ola embravecida volcó el barquichuelo. Entonces un horrible Tiburón que estaba por allí cerca, en cuanto me vio en el agua, corrió hacia mí y, sacando la lengua, me atrapó sin más y me tragó como si fuera un fideo.

—¿Cuánto tiempo hace que está encerrado aquí dentro? —preguntó Pinocho.

—Desde ese día, hará dos años; ¡dos años, Pinocho mío, que me han parecido dos siglos!

—¿Y cómo se las ha arreglado para vivir? ¿Y dónde ha encontrado la vela? ¿Y quién le ha dado las cerillas para encenderla?

—Ahora te lo contaré todo. Has de saber que la misma borrasca que volcó mi barquichuelo hizo zozobrar también a un barco mercante. Los marineros se salvaron todos, pero el barco se fue a pique y el Tiburón, que ese día tenía un magnífico apetito, se tragó también el barco después de tragarme a mí...

—¿Cómo? ¿Se lo tragó de un bocado? —preguntó Pinocho, asombrado.

—Todo de un bocado; y sólo escupió el palo mayor, porque se le había quedado entre los dientes, como una espina. Afortunadamente el barco estaba cargado de carne conservada en cajas de estaño, de bizcocho, o sea de pan seco, de botellas de vino, de uvas pasas, de queso, de café, de azúcar, de velas de estearina y de cajas de cerillas de cera. Con toda esta abundancia pude vivir durante dos años; pero hoy estamos en las últimas; ya no queda nada en la despensa y esta vela, que ves encendida, es la última vela que me queda... —¿Y después?...

—Después, querido, mío, nos quedamos los dos a oscuras.

—Entonces, papaíto —dijo Pinocho—, no hay tiempo que perder. Hay que pensar en huir en seguida...

—¿En huir?... ¿Y cómo?

—Escapando por la boca del Tiburón y tirándonos a nado al mar.

—No está mal, pero yo, querido Pinocho, no sé nadar.

—¿Qué importa? Usted se montará a horcajadas en mis hombros y yo, que soy buen nadador, lo llevaré sano y salvo a la playa.

—¡Ilusiones, muchacho! —replicó Geppetto, sacudiendo la cabeza y sonriendo melancólicamente—. ¿Crees posible que un muñeco que apenas mide un metro, como tú, pueda tener tanta fuerza como para llevarme a nado a hombros?

—¡Pruebe y lo verá! De todos modos, si está escrito en el cielo que debemos morir, por lo menos tendremos el consuelo de morir abrazados.

Y, sin decir más, Pinocho cogió la vela en la mano y, caminando delante para iluminar bien, dijo a su padre:

—Venga detrás de mí y no tenga miedo.

Así caminaron un buen rato, y atravesaron todo el cuerpo y todo el estómago del Tiburón. Pero cuando llegaron al punto donde empezaba la gran garganta del monstruo, creyeron oportuno detenerse a echar un vistazo y elegir el momento adecuado para la fuga.

Hay que saber que el Tiburón, que era muy viejo y padecía de asma y de palpitaciones, se veía obligado a dormir con la boca abierta; por lo tanto, Pinocho, al asomarse al principio de la garganta y mirar hacia arriba, pudo ver en el exterior de aquella enorme boca abierta un buen trozo de cielo estrellado y una bellísima luna.

—Este es el momento de escapar —bisbiseó entonces, volviéndose a su padre—. El Tiburón duerme como un lirón, el mar está tranquilo y se ve como si fuera de día. Venga, papaíto, venga detrás de mí y dentro de poco estaremos salvados.

Dicho y hecho; subieron por la garganta del monstruo marino y, llegados a la inmensa boca, empezaron a caminar de puntillas por la lengua; una lengua tan ancha y tan larga que parecía la avenida de un jardín. Ya estaban a punto de dar el gran salto y arrojarse al mar, cuando, de repente, el Tiburón estornudó, y al estornudar dio una sacudida tan violenta que Pinocho y Geppetto se vieron empujados hacia atrás y lanzados nuevamente al fondo del estómago del monstruo.

Con el gran golpe de la caída, se apagó la vela, y padre e hijo quedaron a oscuras. —¿Y ahora? —preguntó Pinocho, poniéndose muy serio.

—Ahora, muchacho, estamos completamente perdidos.

—¿Perdidos? ¿Por qué? Déme la mano, papaíto, ¡y cuidado con tropezar!

—¿A dónde me llevas?

—Tenemos que intentar de nuevo la huida. Venga conmigo y no tenga miedo.

Dicho esto, Pinocho cogió a su padre de la mano; y caminando siempre de puntillas volvieron a subir juntos por la garganta del monstruo; después atravesaron toda la lengua y cruzaron las tres hileras de dientes. Pero antes de dar el gran salto el muñeco le dijo a su padre:

—Súbase a horcajadas en mis hombros y abráceme muy fuerte.

Del resto, me ocupo yo.

En cuanto Geppetto se acomodó bien en los hombros de su hijo, Pinocho, muy seguro de sí, se arrojó al agua y empezó a nadar. El mar estaba tranquilo como el aceite, la luna brillaba en todo su esplendor y el Tiburón seguía durmiendo con un sueño tan profundo que no lo hubiera despertado ni un cañonazo.

XXXVI

Por fin Pinocho deja de ser un muñeco y se convierte en un muchacho.

MIENTRAS PINOCHO NADABA rápidamente para alcanzar la playa, advirtió que su padre, al que llevaba a hombros y que tenía las piernas medio en el agua, temblaba horriblemente, como si el pobre hombre tuviera unas tercianas.

¿Temblaba de frío o de miedo? ¿Quién sabe?... Quizá un poco de todo. Pero Pinocho, creyendo que el temblor era de miedo, le dijo para asentarlo:

—¡Ánimo, papá! Dentro de unos minutos llegaremos a tierra y estaremos salvados.

—Pero ¿dónde está esa bendita playa? —preguntó el viejecito, inquietándose cada vez más y aguzando la vista, como hacen los buenos sastres cuando enhebran la aguja—, Miro a todas partes y no veo nada más que cielo y mar.

—Pero yo veo la playa —dijo el muñeco—. Para que lo sepa, soy como los gatos: veo mejor de noche que de día.

El pobre Pinocho fingía estar de buen humor, pero, en cambio... en cambio, empezaba a desanimarse; le faltaban las fuerzas, su respiración se hacía difícil y fatigosa... en suma, no podía más, y la playa seguía estando lejos.

Nadó mientras le quedó aliento; después volvió la cabeza hacia Geppetto y dijo, con palabras entrecortadas:

—¡Papá, ayúdeme!... ¡que me muero!

Padre e hijo estaban a punto de ahogarse cuando oyeron una voz de guitarra desafinada, que dijo:

—¿Quién se muere?

—¡Soy yo y mi pobre padre!

—¡Reconozco esa voz! ¡Tú eres Pinocho!... —Exacto. ¿Y tú?

—Yo soy el Atún, tu compañero de prisión en el cuerpo del Tiburón.

—¿Cómo te las has arreglado para escapar?

—He imitado tu ejemplo. Tú me mostraste el camino y después de ti, huí yo también.

—¡Atún mío, llegas muy a tiempo! Te lo ruego por el amor que les tienes a tus atuncitos: ¡ayúdanos o estamos perdidos!

—Encantado y de todo corazón. Agárrense los dos a mi cola y dejen que los guíe.

En cuatro minutos los llevaré a la orilla.

Geppetto y Pinocho, como se pueden imaginar, aceptaron de inmediato la invitación; pero, en vez de agarrarse a la cola, juzgaron más cómodo sentarse en la grupa del Atún.

—¿Somos demasiado pesados? —le preguntó Pinocho.

—¿Pesados? Ni soñarlo; me parece que llevo encima dos conchas —contestó el Atún, que era tan grande y robusto que parecía un ternero de dos años.

Llegados a la orilla, Pinocho saltó el primero a tierra para ayudar a su padre a hacer otro tanto; luego se volvió hacia el Atún y le dijo, en, voz conmovida:

—¡Amigo mío, has salvado a mi padre! ¡No tengo palabras para agradecértelo bastante! ¡Permíteme, al menos, que te dé un beso en señal de eterno reconocimiento!..

El Atún sacó el hocico fuera del agua y Pinocho, arrodillándose en el suelo, le dio un afectuosísimo beso en la boca. Ante este rasgo de ternura viva y espontánea, el pobre Atún, que no estaba acostumbrado, se sintió tan conmovido que, avergonzándose de que lo vieran llorar como un niño, metió la cabeza bajo el agua y desapareció.

Entretanto se había hecho de día.

Pinocho, entonces, ofreciendo su brazo a Geppetto, que apenas conservaba aliento para tenerse en pie, le dijo:

—Apóyese en mi brazo, querido papaíto, y vamos.

Caminaremos despacito como las hormigas, y cuando estemos cansados haremos un alto en el camino.

—¿Y a dónde vamos a ir? —preguntó Geppetto.

—En busca de una casa o una cabaña donde nos den, por caridad, un bocado de pan y algo de paja que nos sirva de cama.

Aún no habían dado cien pasos cuando vieron, sentados en el borde del camino, a dos seres deformes que estaban pidiendo limosna.

Eran el Gato y la Zorra, pero no había quien los reconociera.

Figúrense que el Gato, a fuerza de fingirse ciego, había acabado cegando de verdad; y la Zorra, avejentada, tiñosa y sin pelos en parte del cuerpo, ni siquiera tenía cola. Así son las cosas.

Aquella pobre ladronzuela, caída en la más sórdida miseria, se vio obligada un buen día a vender su bellísima cola a un mercader ambulante, que se la compró para hacer un espantamoscas.

—¡Oh, Pinocho! —gritó la Zorra con voz plañidera— ¡Ten caridad con estos dos pobres enfermos!

—¡Enfermos! —repitió el Gato.

—¡Adiós, mascaritas! —respondió el muñeco—. Me han engañado una vez, pero ahora ya no me embaucarán.

—¡Créenos, Pinocho, que hoy somos pobres y desgraciados de verdad!

—¡De verdad! —repitió el Gato.

—Si son pobres, se lo merecen. Acuérdense del proverbio que dice: «Dinero robado, nunca da fruto». ¡Adiós, mascaritas!

—¡Ten compasión de nosotros!...

—¡De nosotros!...

—¡Adiós, mascaritas! Acuérdense del proverbio que dice: «Tanto va el cántaro a la fuente, que al fin se rompe».

—¡No nos abandones!...

—¡...ones! —repitió el Gato.

—¡Adiós, mascaritas! Acuérdense del proverbio que dice: «Quien roba el abrigo de su prójimo, suele morir sin camisa».

Y Pinocho y Geppetto siguieron tranquilamente su camino; hasta que, cien pasos más adelante, vieron al final de un sendero en medio de los campos, una bonita cabaña de paja, con el techo cubierto de tejas y ladrillos.

—En esa cabaña debe vivir alguien —dijo Pinocho—. Vayamos hasta ella y llamemos.

En efecto, fueron y llamaron a la puerta.

—¿Quién es? —dijo una vocecita desde dentro.

—Somos un pobre padre y un pobre hijo, sin pan y sin techo —contestó el muñeco.

—Den vuelta a la llave y la puerta se abrirá —dijo la vocecita. Pinocho dio vuelta a la llave y la puerta se abrió. Cuando entraron, miraron a todas partes, pero no vieron a nadie.

—¿Eh? ¿Dónde está el dueño de la cabaña? —dijo Pinocho asombrado.

—¡Aquí arriba!

Padre e hijo se volvieron hacia el techo y vieron, sobre una viga, al Grilloparlante.

—¡Oh! ¡Mi querido Grillito! —dijo Pinocho, saludándolo muy amable.

—Ahora me llamas «tu querido Grillito», ¿verdad? Pero ¿te acuerdas de cuando, para echarme de tu casa, me tiraste un mazo de madera?...

—¡Tienes razón, Grillito! ¡Echame a mí..., tírame también a mí un mazo de madera; pero ten piedad de mi pobre padre!...

—Tendré piedad del padre y también del hijo; pero quería recordarle el mal trato que me diste, para enseñarte que en este mundo, cuando se puede, hay que ser cortés con todos, si queremos que nos devuelvan esa cortesía el día que la necesitemos.

—Tienes razón, Grillito, tienes razón de sobra, y no me olvidaré nunca de la lección que me has dado. Pero, dime, ¿cómo te has comprado esta hermosa cabaña?

—Esta cabaña me la regaló ayer una graciosa cabra, que tenía la lana de un bellísimo color azul.

—¿Y a dónde se ha ido la cabra? —preguntó Pinocho con vivísima curiosidad.

—No lo sé.

—¿Y cuándo volverá?...

—No volverá nunca. Ayer se marchó muy afligida y parecía decir, balando: «¡Pobre Pinocho!... No lo volveré a ver..., a estas horas el Tiburón ya lo habrá devorado»...

—¿Dijo eso?... ¡Así que era ella!... ¡Era ella!... ¡Era mi querida Hadita!... — empezó a gritar Pinocho, sollozando y llorando a lágrima viva.

Cuando hubo llorado mucho se enjugó los ojos y preparó una cama de paja para que se tendiera en ella el viejo Geppetto. Después le preguntó al Grillo-parlante:

—Dime, Grillo: ¿dónde podría encontrar un vaso de leche para mi pobre padre?

—A tres campos de aquí vive el hortelano Juanjo, que tiene vacas. Vete hasta allá y encontrarás la leche que buscas.

Pinocho salió corriendo hacia la casa del hortelano Juanjo; pero el hortelano le dijo:

—¿Cuánta leche quieres?

—Quiero un vaso lleno.

—Un vaso de leche cuesta un centavo. Empieza dándomelo.

—No tengo ni un céntimo —contestó Pinocho, muy mortificado y dolido.

—Malo, muñeco mío —replicó el hortelano—. Si tú no tienes ni un céntimo, yo no tengo ni un dedo de leche.

—¡Paciencia! —dijo el muñeco, e hizo ademán de irse.

—Espera un poco —dijo Juanjo. Podríamos arreglarnos. ¿Quieres dar vueltas a la noria?

—¿Qué es la noria?

—Es ese artilugio de madera que sirve para sacar agua de la cisterna, para regar las hortalizas.

—Lo intentaré...

—Entonces, sácame cien baldes de agua y te regalaré, a cambio, un vaso de leche. —Está bien.

Juanjo condujo al muñeco hasta el huerto y le enseñó la forma de hacer girar la noria. Pinocho se puso de inmediato al trabajo, pero antes de haber subido los cien baldes de agua estaba bañado en sudor de la cabeza a los pies. Nunca había trabajado de ese modo.

—Hasta ahora este trabajo de dar vueltas a la noria —dijo el hortelano— lo había hecho mi burro; pero hoy el pobre animal está muriéndose.

—¿Me lleva a verlo? —dijo Pinocho.

—Con mucho gusto.

En cuanto Pinocho entró en la cuadra vio a un pobre burro tumbado en la paja, agotado por el hambre y el exceso de trabajo. Cuando lo miró fijamente, se dijo para sí, turbándose:

—¡A este burro lo conozco! ¡No me resulta una cara nueva! E, inclinándose hacia él, le preguntó en dialecto asnal:

—¿Quién eres?

Al oír la pregunta, el burro abrió unos ojos moribundos y contestó balbuceando en el mismo dialecto:

—Soy Me ... me ... cha...

Después, cerró los ojos y expiró.

—¡Oh! ¡Pobre Mecha! —dijo Pinocho a media voz; y cogiendo un manojo de paja se enjugó una lágrima que le corría por la cara.

—¿Te conmueves tanto por un asno que no te costó nada? —dijo el hortelano—. ¿Qué tendría que hacer yo, que lo compré con dinero contante y sonante?

—Le diré... ¡era un amigo mío!

—¿Amigo tuyo?

—¡Un compañero de la escuela!...

—¿Cómo? —gritó Juanjo, soltando una gran carcajada—. ¿Cómo? ¿Tenías burros por compañeros de escuela?... ¡Me imagino los estudios que habrás hecho!...

El muñeco, mortificado por esas palabras, no contestó; cogió su vaso de leche recién ordeñada y regresó a la cabaña.

Desde ese día, continuó durante más de cinco meses levantándose todas las mañanas, antes del alba, para ir a dar vueltas a la noria y ganarse así aquel vaso de leche que tanto bien le hacía a la achacosa salud de su padre. Pero no contento con esto, porque, a ratos perdidos, aprendió a fabricar canastos y cestos de mimbre; con el dinero que sacaba de ellos proveía admirablemente todos los gastos diarios. Entre otras cosas, construyó con sus propias manos un elegante carrito para sacar de paseo a su padre los días de buen tiempo, para que tomase el aire.

Además, en las veladas nocturnas se ejercitaba en leer y escribir. Había comprado en el pueblo cercano, por pocos céntimos, un gran libro sin tapas ni índice, y en él leía. En cuanto a escribir, utilizaba una pajita suave a modo de pluma; y como no tenía tintero ni tinta, la mojaba en un frasquito lleno de zumo de moras y cerezas.

El caso es que, dada su buena voluntad de ingeniárselas, de trabajar y de salir adelante, no sólo había conseguido mantener casi cómodamente a su padre, siempre enfermizo, sino también ahorrar cuarenta centavos para comprarse un trajecito nuevo.

Una mañana le dijo a su padre:

—Voy al mercado cercano a comprarme una chaqueta, un gorrito y un par de zapatos. Cuando vuelva a casa —añadió riendo—, estaré tan bien vestido que me tomará por un gran señor.

Salió de casa y empezó a correr alegre y contento. De pronto sintió que lo llamaban por su nombre; volviéndose, vio un bonito Caracol que asomaba por el seto. —¿No me reconoces? —dijo el Caracol.

—No sé, no sé...

—¿Te acuerdas de aquel Caracol que estaba de criado en casa del Hada de cabellos azules? ¿No te acuerdas de aquella vez que bajé a llevarte una luz y te quedaste con un pie clavado en la puerta de la casa?

—Me acuerdo perfectamente —gritó Pinocho—. Contéstame pronto, Caracolito guapo, ¿dónde has dejado a la buena Hada? ¿Qué hace? ¿Me ha perdonado? ¿Se acuerda de mí? ¿Me sigue queriendo? ¿Está muy lejos de aquí? ¿Podría ir a verla?

A todas estas preguntas, hechas precipitadamente y sin tomar aliento, el Caracol respondió con su habitual flema:

—¡Pinocho mío! La pobre Hada yace en un lecho del hospital...

—¿En el hospital?...

—¡Desgraciadamente! Abrumada por tantos infortunios, ha enfermado gravemente y no tiene ni para comprarse un trozo de pan.

—¿De verdad?... ¡Oh, qué gran dolor me has causado! ¡Oh, pobre Hadita! ¡Pobre Hadita! ¡Pobre Hadita!... Si tuviese un millón correría a llevárselo... Pero sólo tengo cuarenta centavos... ahí los tienes: iba a comprarme un traje nuevo. Cógelos, Caracol, y llévaselos en seguida a mi buena Hada.

—¿Y tu traje nuevo?

—¿Qué me importa el traje nuevo? ¡Vendería incluso estos harapos que llevo encima con tal de ayudarla!... vete, Caracol, y date prisa; y vuelve aquí dentro de dos días, que espero poder darte más dinero. Hasta ahora he trabajado para mantener a mi padre; de hoy en adelante, trabajaré cinco horas más para mantener también a mi buena madre. Adiós, Caracol; te espero dentro de dos días.

El Caracol, en contra de su costumbre, empezó a correr como una lagartija en pleno sol de agosto.

Cuando Pinocho regresó a casa, su padre le preguntó:

—¿Y el traje nuevo?

—No pude encontrar uno que me sentara bien. ¡Paciencia!... Lo compraré en otra ocasión.

Aquella noche, Pinocho, en vez de velar hasta las diez, veló hasta pasada la medianoche; y en vez de hacer ocho canastos de mimbre, hizo dieciséis.

Después se fue a la cama y se durmió. En sueños le pareció ver al Hada, muy bella y sonriente, que, tras darle un beso, le dijo así:

—¡Muy bien, Pinocho! Gracias a tu buen corazón te perdono todas las trastadas que has hecho hasta hoy. Los niños que ayudan amorosamente a sus padres en la miseria y en la enfermedad merecen siempre alabanzas y cariño, aunque no puedan ser citados como modelos de obediencia y de buena conducta. Ten juicio en lo sucesivo y serás feliz.

En ese momento el sueño terminó y Pinocho se despertó con los ojos fuera de las órbitas.

Imagínense ahora cuál sería su asombro cuando, al despertarse, advirtió que ya no era un muñeco de madera, sino que se había convertido en un niño como todos los demás. Echó una ojeada a su alrededor y en vez de las habituales paredes de paja de la cabaña vio una bonita habitación amueblada y adornada con una sencillez casi elegante. Y al saltar de la cama se encontró preparado un vestuario nuevo, un gorro nuevo y un par de botas de piel que eran un verdadero sueño.

Tan pronto como se vistió, se le ocurrió meter las manos en los bolsillos y sacó un pequeño portamonedas de marfil, en el que estaban escritas estas palabras: «El Hada de los cabellos azules devuelve a su querido Pinocho los cuarenta centavos y le agradece su buen corazón». Abrió el portamonedas y, en vez de cuarenta centavos de cobre, encontró cuarenta monedas de oro recién acuñadas.

Después fue a mirarse al espejo y le pareció que era otro. Ya no vio reflejada la habitual imagen de una marioneta de madera, sino que vio la cara viva e inteligente de un guapo chico de cabellos castaños, ojos celestes y un aspecto alegre y festivo como unas pascuas.

En medio de todas estas maravillas, que se sucedían una tras otra, Pinocho ya no sabía si estaba de verdad despierto o si seguía soñando con los ojos abiertos.

—¿Dónde está mi padre? —gritó de pronto; y entrando en la estancia vecina encontró al viejo Geppetto, sano, lozano y de buen humor, como antaño, el cual, habiendo vuelto a su profesión de tallista, estaba dibujando un bellísimo marco con hojarascas, flores y cabecitas de diversos animales.

—Sáqueme de esta duda, papaíto: ¿cómo se explican todos estos repentinos cambios? —le preguntó Pinocho, saltando a su cuello y cubriéndole de besos.

—Estos repentinos cambios en nuestra casa son mérito tuyo —dijo Geppetto.

—¿Por qué mérito mío?

—Porque cuando los niños que eran malos se vuelven buenos, tienen la virtud de conseguir un aspecto nuevo y sonriente en el interior de su familia.

—Y ¿dónde se habrá escondido el viejo Pinocho de madera?

—Ahí lo tienes —contestó Geppetto; y señaló hacia un gran muñeco apoyado en una silla, con la cabeza vuelta a un lado, los brazos colgando y las piernas cruzadas y medio dobladas, que parecía un milagro que se tuviera derecho.

Pinocho se volvió a mirarlo; y cuando lo hubo mirado un rato, se dijo con gran complacencia:

—¡Qué cómico resultaba cuando era un muñeco! ¡Y qué contento estoy de haberme convertido en un muchacho como es debido!...

FIN

Made in the USA
Las Vegas, NV
01 March 2022